Mathias Bild

Das Ziel der Versorgungssicherheit im Gasbereich

Rechtsgrundlagen, Schwerpunkte und die Umsetzung im 3. Legislativpaket zum Energiebinnenmarkt im Gasbereich

Diplomica® Verlag GmbH

Bild, Mathias: Das Ziel der Versorgungssicherheit im Gasbereich: Rechtsgrundlagen, Schwerpunkte und die Umsetzung im 3. Legislativpaket zum Energiebinnenmarkt im Gasbereich. , Hamburg, Diplomica Verlag GmbH 2011

ISBN: 978-3-8428-5537-3
Druck: Diplomica® Verlag GmbH, Hamburg, 2011

Bibliografische Information der Deutschen Nationalbibliothek:
Die Deutsche Nationalbibliothek verzeichnet diese Publikation in der Deutschen Nationalbibliografie; detaillierte bibliografische Daten sind im Internet über http://dnb.d-nb.de abrufbar.

Die digitale Ausgabe (eBook-Ausgabe) dieses Titels trägt die ISBN 978-3-8428-0537-8 und kann über den Handel oder den Verlag bezogen werden.

© Diplomica Verlag GmbH
http://www.diplomica-verlag.de, Hamburg 2011
Printed in Germany

„Die Einheit Europas war ein Traum weniger. Sie wurde eine Hoffnung für viele. Sie ist heute eine Notwendigkeit für alle."

Konrad Adenauer

- Meinen Dank meiner Familie -

A. Literaturverzeichnis

Barton, Barry — Energy Security: Managing Risk in a Dynamic Legal and Regulatory Environment, 1st edition, Oxford u. a., 2004

Baur, Jürgen F. (Hrsg.) — Aktuelle Entwicklungen im deutschen und europäischen Energiewirtschaftsrecht, Veröffentlichungen des Instituts für Energierecht an der Universität zu Köln, Band 108, 1. Auflage, Baden-Baden, 2003

Böske, Johannes — Zur Ökonomie der Versorgungssicherheit in der Energiewirtschaft, 1. Auflage, Berlin, 2007, zugl.: Diss. Universität Münster (Westf.), 2007

Braml, Josef
Kaiser, Karl
Maull, Hanns W.
Sandschneider, Eberhard
Schatz, Klaus-Werner — Weltverträgliche Energiesicherheitspolitik, 1. Auflage, München, 2008

Britz, Gabrielle
Hellermann, Johannes
Hermes, Georg — EnWG, Energiewirtschaftsgesetz Kommentar, 1. Auflage, München, 2008

Bundesnetzagentur für Elektrizität, Gas, Telekommunikation, Post und Eisenbahn — Jahresbericht 2009, ohne Auflage, Bonn, 2010

Danner, Wolfgang Theobald, Christian	Kommentar Energierecht, 64. Ergänzungslieferung, München, 2009
Diermann, Michael	Möglichkeiten der risikoadäquaten Gasbeschaffung für einen Industriebetrieb vor dem Hintergrund des liberalisierten Gasmarktes, Diplomarbeit der Fachhochschule Südwestfalen, 1. Auflage, Soest u. a., 2007
Dröge, Susanne Geden, Oliver Westphal, Kirsten	Internationale Energie- und Klimapolitik: Spielräume für Akzentsetzungen der Bundesregierung, Stiftung für Wirtschaft und Politik Aktuell (SWP-Aktuell), 2009, Nr. 59, S. 1 ff.
Dupalan, Patrick Gustave	Europarechtliche Rahmenbedingungen für Investitionen aus Drittstaaten in der Bundesrepublik Deutschland, 1. Auflage, Hamburg, 2008
Ebbinghaus, Jens	Auf dem Weg zum echten Energiebinnenmarkt: Konsens im Ziel, Dissens über die Methoden – Zur Fachtagung des Instituts für Berg- und Energierecht der Ruhr-Universität Bochum am 21.02.2008, EuZW 2008, 270 ff.
Ekey, Friedrich L.	Grundriss des Wettbewerbs- und Kartellrechts, Mit Grundzügen des Marken-, Domain- und Telekommunikationsrechts, 3. Auflage, Heidelberg u. a., 2009

Ellersdorfer, Ingo

Energiemodelle zu Innovation und moderner Energietechnik: Analyse exogenen und endogenen Fortschritts in der Energiewirtschaft, 1. Auflage, Berlin, 2007

Englisch, Joachim

Wettbewerbsgleichheit im grenzüberschreitenden Handel, Jus Publicum, Band 174, 1. Auflage, Tübingen, 2008

Epping, Volker

Grundrechte, 3. Auflage, Berlin u. a., 2007

Fischer, Hans Georg

Europarecht, 2. Auflage, Köln u. a., 2008

Fischer, Wolfgang
Häckel, Erwin

Internationale Energieversorgung und politische Zukunftssicherung, Studie einer gemeinsamen Arbeitsgruppe der Kernforschungsanlage Jülich GmbH und des Forschungsinstituts der Deutschen Gesellschaft für Auswärtige Politik e. V. , Bonn, 1. Auflage, München, 1987

Frenz, Walter

Handbuch Europarecht, Band 1 Europäische Grundfreiheiten, 1. Auflage, Berlin u. a., 2004

Frenz, Walter

Handbuch Europarecht, Band 4 Europäische Grundrecht, 1. Auflage, Berlin u. a., 2009

Frenz, Walter

Handbuch Europarecht, Band 5 Wirkungen und Rechtsschutz, 1. Auflage, Berlin u. a., 2010

Geden, Oliver

Gasversorgungssicherheit in der Europäischen Union - mehr Eigenvorsorge, weniger Energieaußenpolitik? In: Energiewirtschaftliche Tagesfragen, 2009, Heft 12, S. 2 ff.

Goes, Sebastian

Management Accounting von Stromnetzbetreibern, Im Spannungsfeld von Erfolgsziel und Preisregulierung, 1. Auflage, Wiesbaden, 2003

Gouvernement du Grand-Duché de Luxembourg

Bericht über die Versorgungssicherheit in Luxemburg, 1. Auflage, Luxemburg, 2009

Grundwald, Jürgen

Das Energierecht der Europäischen Gemeinschaften, EGKS – EURATOM – EG, Grundlagen – Geschichte – Geltende Regelungen, 1. Auflage, Berlin, 2003

Gundel, Jörg
Germelmann, Claas Friedrich

Kein Schlussstein für die Liberalisierung der Energiemärkte: Das dritte Binnenmarktpaket, EuZW 2009, 763 ff.

Hailbronner, Kay
Jochum, Georg

Europarecht II: Binnenmarkt und Grundfreiheiten 1. Auflage, Stuttgart, 2006

Healy, Jonathan D.

Housing, fuel poverty, and health: a pan-European analysis, 1st edition, Aldershot u. a., 2004

Hobe, Stephan

Energiepolitik in: EuR 2009, Beiheft 1, S. 219 ff.

Hofmann, Herwig Turk, Alexander H.	Legal challenges in EU administrative law: towards an integrated administration, 1st edition, Cheltenham u. a., 2009
Hohensee, Jens (Hrsg.) Salewski, Michael (Hrsg.) Maass, Gudrun	Energie – Politik – Geschichte, HMRG Beihefte Band 5, 1. Auflage, Stuttgart, 1993
Hüffer, Uwe	Kommentar Aktiengesetz, 7. Auflage, München, 2006
International Energy Agency (IEA)	Security of gas supply in open markets: LNG and power at a turning point, 1st edition, Paris, 2004
Kahl, Wolfgang	Die Kompetenzen der EU in der Energiepolitik nach Lissabon in: EuR 2009, S. 601 ff
Kapteyn, Paul	International organization and integration, 1st edition , Volume 2, Dordrecht, 1984
Klag, Nadja Daniela	Die Liberalisierung des Gasmarktes in Deutschland, 1. Auflage, Marburg, 2003; zugl.: Diss. Universität Heidelberg, 2002
Koch, Walter A. S. Czogalla, Christian Ehret, Martin	Grundlagen der Wirtschaftspolitik, 3. Auflage Stuttgart, 2008

Kneissl, Karin	Der Energiepoker: Wie Erdöl und Erdgas die Weltwirtschaft beeinflussen, 2. Auflage, München, 2008
Koenig, Christian Kühling, Jürgen Rasbach, Winfried	Energierecht, 2. Auflage, Frankfurt am Main, 2008
Krajewski, Markus	Wirtschaftsvölkerrecht, 2. Auflage, Heidelberg u. a., 2009
Krautscheid, Andreas (Hrsg.)	Die Daseinsvorsorge im Spannungsfeld von europäischem Wettbewerb und Gemeinwohl; Eine sektorspezifische Betrachtung, 1. Auflage, Wiesbaden, 2009
Lachmeyer, Konrad Beyer, Lukas	Praxiswörterbuch Europarecht, 1. Auflage, Wien u. a., 2008
Leible, Stefan Michael Walter, Christian	Die Sicherung der Energieversorgung auf Lippert, globalisierten Märkten, Jus Internationale et Europaeum, Band 14, 1. Auflage, Tübingen, 2007
Lippert, Michael	Energiewirtschaftsrecht, Gesamtdarstellung für Wissenschaft und Praxis, 1. Auflage, Köln, 2002

Mankoff, Jeffrey	Eurasian Energy Security, Council Special Report No. 43, Council on Foreign Relations, 1st edition, Washington D. C. u. a., 2009
Menzel, Jörg Pierlings, Tobias Hoffmann, Jeannine (Hrsg.)	Völkerrechtssprechung, 1. Auflage, Tübingen, 2005
Moran, Daniel Russell, James Avery	Energy Security and Global Politics, The militarization of resourcemanagement, 1st edition, Oxford u. a., 2009
Münch, Claudia	Emanzipation der lokalen Ebene? Kommunen auf dem Weg nach Europa, 1. Auflage, Wiesbaden, 2006
Opilio, Antonius	Europäisches Energie-Recht: Unter besonderer Berücksichtigung der nachhaltigen Entwicklung und des elektrischen Energieträgers, 1. Auflage, Dornbirn, 2005
Organisation for Economic Co-operation and Development (OECD)	OECD Economic Surveys: European Union 2009, Volume 2009/13, 1st edition, Paris, 2009
Panos, Konstantin	Praxisbuch Energiewirtschaft: Energieumwandlung, -transport und -beschaffung im liberalisierten Markt, 1. Auflage, Berlin u. a., 2007

Perner, Jens

Die langfristige Erdgasversorgung Europas, Analysen und Simulationen mit dem Angebotsmodell EUGAS, 1. Auflage, München, 2002; zugl.: Universität Köln, Diss., 2002

Pitschas, Christian
Neumann, Jan
Herrmann, Christoph

WTO-Recht in Fällen, 1. Auflage, Baden-Baden, 2005

PricewaterhouseCoopers AG WPG (Hrsg.)

Entflechtung und Regulierung in der deutschen Energiewirtschaft, Praxishandbuch zum Energiewirtschaftsgesetz, 2. Auflage, München, 2008

Rittner, Fritz
Dreher, Meinrad

Europäisches und deutsches Wirtschaftsrecht: Eine systematische Darstellung, 3. Auflage, Heidelberg u. a., 2008

Ruthig, Josef
Storr, Stefan

Öffentliches Wirtschaftsrecht, 2. Auflage, Heidelberg u. a., 2008

Schmidt-Assmann, Eberhard (Hrsg.)
Badura, Peter

Besonderes Verwaltungsrecht, 13. Auflage, Berlin, 2005

Schmidt-Preuß, Matthias

OU-ISO-ITO: Die Unbundling-Optionen des 3. EU-Liberalisierungspakets, in: Energiewirtschaftliche Tagesfragen, Onlineausgabe; abrufbar unter: http://www.et-energie- online.de/index.php?option=com_ content&view=article&id=138&Itemid=17 (Stand: 02.05.2010)

Scholtka, Boris Baumbach, Antje	Die Entwicklung des Energierechts in den Jahren 2008 und 2009, NJW 2010, 1118 ff.
Schultz, Julia	Umwelt und Gerechtigkeit in Deutschland, Ein Beitrag zu einer Systematisierung und ethischen Fundierung, Beiträge zur Theorie und Praxis starker Nachhaltigkeit, Band 4, 1. Auflage, Marburg, 2009
Schwartmann, Rolf	Umweltrecht, 1. Auflage, Heidelberg u. a., 2006
Seeliger, Andreas	Entwicklung des weltweiten Erdgasangebots bis 2030; Eine modellgestützte Prognose der globalen Produktion, des Transports und des internationalen Handels sowie eine Analyse der Bezugskostensituation ausgewählter Importnationen, 1. Auflage, München, 2006
Stäcker, Daniela	Der liberalisierte Europäische Gasmarkt: Untersuchung der Marktstrukturentwicklung mit einem dynamischen Simulationsmodell, 1. Auflage, Wiesbaden, 2004, zugl.: Diss., Universität Oldenburg, 2004
Tömmel, Ingeborg (Hrsg.)	Die Europäische Union: Governance und Policy-Making, Politische Vierteljahresschrift (PVS), Sonderheft 40/2007, 1. Auflage, Wiesbaden, 2008

Vaille, Claire	"Précarité énergétique: 9 mesures à l'étude en faveur des plus démunis", Französische Botschaft in Berlin, Abteilung für Wissenschaft und Technologie in Berlin, Onlineausgabe: www.wissenschaft- frankreich.de/informationen /aktuelles/index.php?id=3505997997632240109 (abgerufen am: 05.05.2010)
Wagner, Horst Herbert	Zur Frage der Versorgungssicherheit mit Hofstätter, fossilen Energieträgern, Teil 1: Allgemeines und Kohle in: Berg- und Hüttenmännische Monatshefte (BHM), Heft 8, 2008, S. 309 ff.
Wiggert, Marcel	Risikomanagement von Betreiber- und Konzessionsmodellen, Schriftenreihe der TU Graz, Heft 29, 1. Auflage, Graz, 2009
Wissenschaftlicher Beirat der Bundesregierung Globale Umweltveränderung	Welt im Wandel, Energiewende zur Nachhaltigkeit,1. Auflage, Berlin, 2003
Zenke, Ines (Hrsg.) Schäfer, Ralf (Hrsg.)	Energiehandel in Europa: Öl, Gas, Strom Derivate, Zertifikate, 2. Auflage, München, 2009

B. Gliederung

A. Einleitung

Eine Welt ohne Fahrzeuge, Heizung, elektrische Beleuchtung, Warmwasserversorgung oder den Betrieb von Klimaanlagen ist heute undenkbar geworden. Der moderne Mensch ist in nahezu jeder Lebenslage von der Energieversorgung abhängig – Sie ist Grundlage der meisten Arbeitsprozesse, unserer Unterhaltung in der Freizeitund eine Grundvoraussetzung für die moderne Kommunikation.[1] Im globalen Energiemix entfallen circa 22 % auf den Primärenergieträger Erdgas.[2] Unstrittig ist, dass wir für die Aufrechterhaltung unseres modernen Lebens auf eine möglichst hohe Stufe der Versorgungssicherung angewiesen sind. Dabei ist der Begriff der Sicherheit der Versorgung historisch betrachtet kein einheitlicher Begriff. Die Sicherheit der Versorgung bedeutete vor und während des zweiten Weltkrieges vor allem die Bevorratung von kriegswichtigen Gütern wie Kohle, Stahl und Erdöl, was zur Folge hatte, dass der Begriff der Versorgungssicherheit mit einer militärischen Notwendigkeit verbunden wurde.[3] Sie war in dieser Zeit ein rein staatliches Anliegen.[4] Nach dem zweiten Weltkrieg veränderte sich die Energiepolitik und unser Verständnis von Versorgungssicherheit in regelmäßigen Abständen. In einer erstenPhase bis 1957 verstand man Energiepolitik nicht als selbständiges Ressort, sondern man ordnete es eher der Wirtschaftspolitik zu.[5] Erst in den 60er Jahren, als das preisgünstige Mineralöl die heimische Steinkohle als wichtigsten Energieträger verdrängte, begann man zu erkennen, wie wertvoll die sichere Versorgung eines Staates ist. Dieser Effekt wurde durch die Ölkrisen in den 70er Jahren noch einmal verstärkt.[6] Dabei gewann das Erdgas an Beliebtheit, da es auf Grund des technischen Fortschrittes auf den Gebieten der Förderung und des Transportes, eines geringen Umweltschädigungsgrades und nicht zuletzt auf Grund des Preisvorteiles gegenüber Erdöl einige signifikante Vorteile bietet.[7] Nun entstand auch in weiten Teilen der Bevölkerung einerseits das Verständnis, dass die fossilen Brennstoffe, die sie bis dahin preisgünstig nutzten auf Grund ihrer abzusehenden Endlichkeit einem stetigen

---

[1] *Barton,* S. 3.
[2] *Wagner / Hofstätter,* BHM 2008, Heft 8, 309 [311].
[3] *Böske,* S. 8.
[4] *Leible /* Lippert / Walter, S. 52; *Moran / Russell,* S. 2.
[5] *Hohensee / Salewski / Maas,* S. 8.
[6] *Hobe,* EuR 2009, Beiheft 1, 219 [220].
[7] *Kneissl,* S. 106.

Preisanstieg unterworfen sind und andererseits wurde ihnen klar, dass ein Versorgungsengpass vor allem die wirtschaftliche und politische Handlungsfreiheit einschränkt, die stabile ökonomische Entwicklung gefährden oder gar erheblich behindern kann und zudem den privaten Komfort einschränkt. Der Grund für Versorgungsengpässe liegt allem in der geographischen Verteilung des Erdgases. Es existiert, ähnlich wie beim Erdöl, eine hohe regionale Konzentration,[8] so dass die Hauptvorkommen auf einer strategischen Ellipse von Westsibirien über die Kaukasusregion bis hin zur arabischen Halbinsel lagern. Die vorhandenen Reserven in der Nordsee sind zwar von entscheidendem strategischen Wert für die Mitgliedsstaaten der Europäischen Union um eine geographische Diversifikation der Versorgungsquellen zu erreichen;[9] jedoch sind die Förderzahlen hier bereits rückläufig. Man hat erkannt, dass die Versorgungssicherheit nicht nur eine einzelstaatliche Frage, sondern vielmehr eine Frage der Union ist. Nicht unproblematisch ist daher das Spannungsfeld der Versorgungssicherheit zwischen einer historisch begründeten mitgliedsstaatlichen Autonomie und den gemeinschaftsrechtlichen Vorgaben. Zwar enthielt das europäische Primärrecht vor Lissabon keine explizite Regelung zum Energierecht und auch keine energiepolitischen Ermächtigungen,[10] jedoch wurde die Gemeinschaft per Sekundärrechtsakt in Form der Richtlinie 98/30/EG tätig und erließ gemeinsame Vorschriften auf dem Gebiet des Erdgasbinnenmarktes.[11] Damit begann die Öffnung des Gasmarktes auf europäischer Ebene. Diese wurde durch das zweite Gasbinnenmarktpaket im Jahr 2003 weiter vorangetrieben. In der folgenden Arbeit sollen die Rechtsgrundlagen, einige Schwerpunkte und die Umsetzung der Sekundärrechtsakte mit dem Ziel der Versorgungssicherheit im bisher letzten, dem dritten Legislativpaket zum Energiebinnenmarkt untersucht werden.

B. Definitionsversuche des Begriffes der Versorgungssicherheit

Bevor man sich mit den Aspekten der Versorgungssicherheit in der Richtlinie 2009/73/EG befassen kann, muss jeder weiteren Überlegung eine

---

[8] *Seeliger*, S. 9.
[9] *Grunwald*, S. 88.
[10] *Kahl*, EuR 2009, 601, [605].
[11] Assmann / *Badura*, S. 343, Rn. 81.

Definition des Wortes „Versorgungssicherheit" zu Grunde gelegt werden. Die Richtlinie selbst beschränkt sich auf die Erklärung der Begriffe „Versorgung" (bzw. „Lieferung) in Art. 2 Nr. 7 RL 2009/73/EG und „Versorgungsunternehmen" in Art. 2 Nr. 8 RL 2009/73/EG. Danach beinhaltet die Versorgung den Verkauf sowie den Weiterverkauf von Erdgas, einschließlich des verflüssigten Erdgases (LNG) an Kunden. Versorgungsunternehmen sind dabei natürliche oder juristische Personen, die die Funktion der Versorgung wahrnehmen. Auf eine Legaldefinition des Begriffes Versorgungssicherheit verzichtet die Richtlinie jedoch. Um einzelne Fragestellungen und Aspekte der Versorgungssicherheit im Rahmen der genannten Richtlinie beleuchten zu können, ist eine Definition unerlässlich. Dabei lässt sich unter Umständen auf bestehende Definitionen zurückgreifen.

I. Definitionen in weiteren Sekundärrechtsakten der Gemeinschaft

Die Gemeinschaft hat bereits vor dem 3. Legislativpaket zum Energiebinnenmarkt zwei Richtlinien erlassen, die einige Aspekte der Versorgungssicherheit regeln. Die Richtlinie 2004/67/EG schafft dabei den rechtlichen Rahmen für Maßnahmen zur Gewährleistung der sicheren Erdgasversorgung, während Richtlinie 2005/89/EG Maßnahmen zur Gewährleistung derSicherheit der Elektrizitätsversorgung und Infrastrukturinvestitionen enthält.

1. Die Richtlinie 2004/67/EG

Leider hat die Gemeinschaft auch in der Richtlinie 2004/67/EG keine Legaldefinition für den Begriff der Versorgungssicherheit vorgenommen. Jedoch lassen sich einige Teilaspekte einer Definition ableiten. So wird unter anderem die größere Versorgungsunterbrechung in Art. 2 Nr. 2 RL 2004/67/EG legaldefiniert. Zudem werden ausführliche Regelungen zu den Themenkomplexen der Politik zur Sicherstellung der Gasversorgung in Art. 3 I RL 2004/67/EG, der Versorgungssicherheit für bestimmte Kunden in Art. 4 RL 2004/67/EG und die nationalen Notfallmaßnahmen gemäß Art. 8 RL 2004/67/EG bestimmt.

2. Die Richtlinie 2005/89/EG

In der Richtlinie 2005/89/EG wird dagegen die Versorgungssicherheit für den Elektrizitätssektor bestimmt. In Art. 2 lit. b RL 2005/89/EG wird die Sicherheit der Elektrizitätsversorgung als die Fähigkeit eines Elektrizitätssystems, die Endverbraucher gemäß dieser Richtlinie mit Elektrizität zu versorgen, definiert. Eine direkte Übertragung dieser Definition auf den Gassektor ist wenig zielführend, da Elektrizität und Gas zwar beide leitungsgebundene Energieträger sind, man die Elektrizität jedoch auf verschiedene Art und Weise selbst erzeugen kann, während man beim Erdgas in vielen Fällen in einem Abhängigkeitsverhältnis zu einem oder einer kleinen Anzahl von Drittstaaten außerhalb der Union besteht, der nicht beliebig erweiterbar ist.

3. Der Verordnungsvorschlag über Maßnahmen zur Gewährleistung der sicheren Erdgasversorgung - KOM 2009/363

In der Analyse der Versorgungskrise, ausgelöst durch den Gasstreit zwischen der Ukraine und der Russischen Föderation im Jahre 2009, hatte die Europäische Union festgestellt, dass Engpässe in der Versorgung vor allem auf eine mangelhafte Krisenvorsorge und eine unzureichende Integration des europäischen Gasbinnenmarktes zurückzuführen waren.[12] Daher entschloss sich die Union, diesen Faktoren durch einen Verordnungsvorschlag entgegenzuwirken. Neben der Zuständigkeit für die Sicherheit der Erdgasversorgung in Art. 3 KOM 2009/363, der Aufstellung eines Präventions- und Notfallplans in Art. 4 KOM 2009/363 und der Schaffung von Versorgungsstandards in Art. 7 KOM 2009/363 sowie der Festlegung von Krisenstufen in Art. 9 Nr. 2 KOM 2009/363 geht der Verordnungsentwurf in Art. 1 KOM 2009/363 über den Zweck der Verordnung nicht nur von einer Reaktion auf Versorgungsengpässe aus, sondern benennt auch präventive Maßnahmen als Element der Versorgungssicherheit. Den Begriff an sichdefiniert der Verordnungsentwurf jedoch ebenfalls nicht.

II. Definitionsfindung mit Hilfe von Kennzahlenmodellen:

Eine Definition könnte sich auch über Kennzahlenmodelle herleiten lassen, wie dies bei der Versorgungssicherheit im Strombereich zum Teil vertreten

---

[12] *Geden*, S. 2.

wird. Dazu werden verschiedene Kategorien, wie die Unterbrechungsdauer, die Unterbrechungshäufigkeit, die Defizitenergie, die Anzahl der betroffenen Netzkunden und die Dauer bis zur Versorgungswiederherstellung und die Verbraucherpreise gebildet.[13] Durch das Aufstellen der einzelnen Kategorien wird somit eine Definition des Begriffes Versorgungssicherheit aufgestellt. Durch die zu ermittelnden Kennzahlen in den einzelnen Kategorien wird dann bestimmt, in welchem Grad die Versorgungssicherheit gewährleistet ist. Allerdings ist bereits die Aussagekraft einzelner Kategorien auf dem Stromsektor äußert fraglich, da hohe Verbraucherpreise kein Indiz für eine hohe Versorgungssicherheit sein müssen, wie das Beispiel Italien zeigt.[14] Versucht man nun, die Definitionsfindung per Kennzahlenmodell trotz der bekannten Schwächen auch auf den Erdgasmarkt zu übertragen, so wird man zusätzlich feststellen müssen, dass bei einer vollständigen Unterbrechung der Gasimporte, wie dies im Gasstreit zwischen der Ukraine und der Russischen Föderation ab Januar 2009 der Fall war, innerhalb des betroffenen Mitgliedsstaates der Europäischen Union nahezu alle Haushaltskunden, die von Gaslieferungen abhängig sind, direkt oder zumindest indirekt tangiert werden. Eine statistische Erhebung der betroffenen Endkunden ist somit wenig sinnvoll. Weiterhin ist es äußerst fraglich, ob ein Verbraucher in Westeuropa überhaupt die Unterbrechungshäufigkeit und –dauer einschätzen kann, da Versorgungskrisen auf dem Erdgasmarkt in diesen Regionen bisher nicht vorkamen. Würde man den Kunden auf der Grundlage dieser Kriterien nach der Versorgungsicherheit fragen, so würde dieser auf Grund der bisher nicht aufgetretenen Störungen von einer hohen Versorgungssicherheit sprechen.

III. Die Definitionen der Internationalen Energieagentur (IEA) der OECD

Die Internationale Energieagentur (IEA) der OECD hat seit ihrer Gründung im Jahr 1974 ihre Arbeit auf das internationale Energieprogramm gestützt.[15] Die IEA erstellt dabei vor allem Informationssysteme über die Versorgungslage auf dem Öl- und Gasmarkt[16] und erarbeitet Lösungsvorschläge für die gemeinsame Bewältigung von Störungen der

---

[13] *Goes,* S. 74.ö
[14] *Meister,* S. 268.
[15] Wissenschaftlicher Beirat der Bundesregierung Globale Umweltveränderungen (WBGU), S. 183.
[16] *Kapteyn,* S. 43.

Versorgung[17]. Die IEA hat dabei in einer Studie aus dem Jahr 2004 den Begriff der Versorgungssicherheit für den Energieträger Erdgas definiert:

> „Security of gas supply is the capability to manage, for a given time, external market influences which cannot be balanced by the market itself."[18]

Weitere Aspekte der Versorgungssicherheit sind gemäß der Definition der IEA das Handeln einer Regierung, wodurch diese im Stande ist, die Risiken und möglichen Folgen eines Versorgungsengpasses auf ein akzeptables Maß zu reduzieren und im Notfall nach einem eindeutigen Regelwerk zu handeln sowie den Verbraucher zu schützen und durch einen internationalen rechtlichen Rahmen Investitionen, den Handel und den Austausch zwischen Nachbarstaaten so zu gestalten, dass Risiken kalkulierbar bleiben und auftretende Kosten reduziert werden.[19]

C. Die Agentur für die Zusammenarbeit der Energieregulierungsbehörden (ACER) als Instrument der Versorgungssicherheit

I. Allgemeine Aufgaben ACER´s bei der Verstärkung der Versorgungssicherheit

Mit dem dritten Binnenmarktpaket wird per Verordnung (EG) Nr. 713/2009 ab dem 03.03.2011 in Ljubljana eine europäische Agentur für die Zusammenarbeit der Energieregulierungsbehörden (ACER) eingerichtet.[20] ACER soll einen allgemeinen Rahmen für die nationalen Regulierungsbehörden schaffen, um somit das Verfahren in grenzüberschreitenden Situationen, die Zusammenarbeit zwischen den Übertragungs- und Fernleitungsnetzbetreibern sowie den nationalen Behörden mit Regulierungsaufgaben untereinander zu verbessern. Zudem soll die Regulierungslücke auf Unionsebene gefüllt werden, um somit für eine Verstärkung der Versorgungssicherheit zu sorgen.[21] Die Hauptaufgaben liegen dabei zum Einen in der Beobachtung der korrekten Ausführung der Aufgaben der „European Network for Transmission

---

[17] Hohensee (Hrsg.) / Salewski (Hrsg.) / *Maass*, S. 192.
[18] International Energy Agency (IEA), S. 64.
[19] International Energy Agency (IEA), S. 65.
[20] Pressemitteilung der EU, IP/09/1885, vom 06.12.2009; *Krautscheid,* S. 139; *Gundel / Germelmann,* EuZW 2009, 763 [764].
[21] *Hofmann / Turk,* S. 47; Organisation for Economic Co-operation and Development, S. 19; *Mankoff,* S. 28.

Operators" (ENTSO) gemäß Art. 6 II VO (EG) Nr. 713/2009,[22] der Beobachtung der Durchführung der Projekte zur Schaffung neuer Verbindungsleitungskapazitäten gemäß Art. 6 VI VO (EG) Nr. 713/2009, der Beobachtung der unionsweiten Netzentwicklungspläne gemäß Art 6 VIII S. 1 VO (EG) Nr. 713/2009 und der Beobachtung der regionalen Zusammenarbeit der Übertragungs- sowie Fernleitungsnetzbetreiber gemäß Art 6 IX VO (EG) Nr. 713/2009[23]. Zum Anderen kann die Agentur in einigen Fällen im Rahmen des Art. 8 VO (EG) Nr. 713/2009 selbst regulatorisch tätig werden. Somit bleibt festzuhalten, dass ACER Überwachungs-, Kontroll- und Abänderungsrechte innehat, die dazu beitragen sollen, die allgemeinen Ziele der Energiepolitik der Europäischen Union im Sinne des Abs. 5 der Gründe zur VO (EG) Nr. 713/2009 und somit auch die Versorgungssicherheit gemäß Abs. 15 der Gründe zur VO (EG) Nr. 713/2009 zu verwirklichen.[24]

II. Das Konkurrenzverhältnis zwischen ACER und der nationalen Behörde

Um dabei ein effektives Zusammenarbeiten der nationalen Regulierungsbehörden und ACER bei grenzüberschreitenden Infrastrukturen zu regeln und somit Aufgabenüberschneidungen zu vermeiden und die Sicherheit der Versorgung gewährleisten zu können, wird in Art. 8 VO (EG) Nr. 713/2009 die Kompetenzverteilung zwischen der Agentur und den Regulierungsbehörden der Mitgliedsstaaten bei grenzüberschreitenden Infrastrukturen festgelegt. Danach darf die Agentur gemäß Art. 8 I lit. a VO (EG) Nr. 713/2009 nur tätig werden, wenn die zuständigen nationalen Regulierungsbehörden innerhalb von sechs Monaten, ab dem Zeitpunkt, von dem an sie sich mit der Angelegenheit befasst haben, keine Einigung erzielt haben oder gemäß Art. 8 I lit. b VO (EG) Nr. 713/2009 auf gemeinsamen Antrag der zuständigen nationalen Regulierungsbehörden. Sollte die Agentur tätig werden, so hat sie gemäß Art. 8 III lit. a VO (EG) Nr. 713/2009 innerhalb von sechs Monaten ab der Befassung eine Entscheidung vorzulegen. Sie kann auch nach Art. 8 III lit. b VO (EG) Nr. 713/2009 eine Zwischenentscheidung fällen, um die Versorgungssicherheit und die Betriebssicherheit zu gewährleisten. Die Modalitäten, über die die Agentur zu entscheiden hat, sind in Art. 8 II VO

---

[22] *Koenig / Kühling / Rasbach*, S. 238.
[23] *Scholtka / Baumbach*, NJW 2010, 1118 [1119].
[24] *Ebbinghaus*, EuZW 2008, 270 [271].

(EG) Nr. 713/2009 verankert. Sie umfassen ein Verfahren für die Kapazitätsvergabe (lit. a), ein Zeitrahmen für die Vergabe (lit. b), die Verteilung von Engpasseinnahmen (lit. c) und die von den Nutzern der Infrastruktur verlangten Entgelte (lit. d).

D. Die nationale Regulierungsbehörde als Garant der Versorgungssicherheit

In Deutschland existiert seit der Änderung im Gesetz zur Neuregelung des Energiewirtschaftsrechts (EnWG) im Jahre 2005 eine Bundesregulierungsbehörde für Elektrizität, Gas, Telekommunikation und Post, die Bundesnetzagentur.[25] Dabei ist sie gemäß § 1 S. 2 Bundesnetzagenturgesetz eine Bundesoberbehörde im Geschäftsbereich des Ministeriums für Wirtschaft- und Technologie.[26] Versucht man den Aufgabenbereich in groben Zügen zu bestimmen, so wird man sagen können, dassdie Regulierungsbehörde die Aufgabe hat, einen diskriminierungsfreien Netzzugang zu sichern und durch effiziente Netznutzungsentgelte für eine weitere Entwicklung auf Gasmarkt zu sorgen hat.[27] Der Gesetzgeber hat im EnWG darauf verzichtet die Aufgabenbereiche der Bundesnetzagentur qua Definition abzugrenzen und allgemein und übergreifend zu bestimmen.[28] Die im gesamten EnWG auftretenden Aufgaben und Befugnisse werden durch einen weiten, allgemeinen europarechtlichen Rahmen eingegrenzt.[29]

I. Allgemeine Ziele nationaler Regulierungsbehörden im europäischen Rahmen

Die Ausgestaltung dieses allgemeinen Rahmens ist in den Vorschriften der Art. 40 ff. RL 2009/73/EG zu finden. Die nationale Regulierungsbehörde hat alle zweckdienlichen Maßnahmen gemäß Art. 40 RL 2009/73/EG zu unternehmen, um die Aufgaben und Befugnisse des Art. 41 RL 2009/73/EG zu erfüllen. Dabei soll sie bei Bedarf auch mit anderen nationalen Regulierungsbehörden zusammenarbeiten. Die Ziele, die die Regulierungsbehörde bei ihrer Arbeit zu Folgen verfolgt, sind dabei gemäß Art. 40 lit. a RL 2009/73/EG die Förderung eines wettbewerbsbestimmten, sicheren und ökologisch nachhaltigen Erdgasbinnenmarktes sowie die

---

[25] *Opilio*, S. 160.
[26] *Rittner / Dreher*, S. 903, Rn. 18; *Ruthig / Storr*, S. 99 f., Rn. 186.
[27] *Ekey*, S. 217, Rn. 707; *Schwartmann*, S. 185, Rn. 467.
[28] *Britsch / Müller* in: PricewaterhouseCoopers AG WPG, S. 271.
[29] *Koch / Czogalla / Ehret*, S. 62.

Sicherstellung eines langfristigen, wirkungsvollen und zuverlässigen Betreibens der Gasnetze. Dazu zählt auch die Entwicklung wettbewerbsbestimmter und gut funktionierender Regionalmärkte im Sinne des Art. 40lit. b RL 2009/73/EG. Zusätzlich hat die nationale Regulierungsbehörde gemäß Art. 40 lit. c RL 2009/73/EG dafür Sorge zu tragen, dass die grenzüberschreitenden Fernleitungskapazitäten so aufgebaut sind, dass die Befriedigung der Nachfrage gewährleistet werden kann. Weiterhin sind neue Gewinnungsanlagen nach Art. 40 lit. e RL 2009/73/EG unter erleichterten Bedingungen in das Netz aufzunehmen, so dass vor allem Gas aus erneuerbaren Energiequellen einen barrierefreien Zugang zum Netz erhält. Diese Ziele sind verbraucherorientiert, sicher, zuverlässig und im Einklang mit den allgemeinen Zielen der Energiepolitik, also den Grundsätzen des Art. 194 AEUV, zu verwirklichen.

II. Aufgaben und Befugnisse der nationalen Regulierungsbehörden zur Wahrung der Versorgungssicherheit

Den nationalen Regulierungsbehörden werden innerhalb des europäischen Rahmens Aufgaben und Befugnisse zur Wahrung der Versorgungssicherheit auferlegt. Dabei soll die Regulierungsbehörde neben anderen Aufgaben gemäß Art. 41 I lit. g RL 2009/73/EG die Investitionspläne der Fernleitungsnetzbetreiber überwachen und in einem Jahresbericht eine Beurteilung dieser Investitionspläne unter dem Gesichtspunkt der Kohärenz mit dem unionsweiten Netzentwicklungsplan abgeben. Sie hat zudem gemäß Art. 41 I lit. h RL 2009/73/EG die Einhaltung der Anforderungen bezüglich der Sicherheit und Qualität des Netzes zu überwachen. Weiterhin ist sie verpflichtet den Grad der Transparenz gemäß Art. 41 I lit. i RL 2009/73/EG zu kontrollieren. Dabei überprüft sie nach Art. 41 I lit. j RL 2009/73/EG auch die Kosten für Haushaltskunden, die Gebühren für Wartungsarbeiten und gemäß Art. 41 I lit. m RL 2009/73/EG die Zeiträume, die die Fernleitungs- und Verteilernetzbetreiber für Anschlüsse und Reparaturen benötigen.

III. Pflicht zur Zusammenarbeit bei grenzüberschreitenden Aspekten

Gemäß Art. 42 I RL 2009/73/EG sind die nationalen Regulierungsbehörden zur Zusammenarbeit und Konsultation verpflichtet. Dabei müssen sie alle nötigen Informationen untereinander und ACER übermitteln. Die

Regulierungsbehörden arbeiten gemäß Art. 42 II lit. a RL 2009/73/EG zumindest auf regionaler Ebene zusammen, um ein optimales Netzmanagement zu ermöglichen, gemeinsame Strombörse zu fördern, grenzüberschreitende Kapazitäten zuzuweisen und um die Verbindungskapazitäten zwischen den Regionen zu erhöhen, damit ein größeres Maß an Versorgungssicherheit erreicht werden kann. Die nationalen Regulierungsbehörden können dabei gemäß Art. 42 III RL 2009/73/EG untereinander Kooperationsvereinbarungen abschließen. Eine solche funktionale Kooperation stellt das, im Jahre 2000 gegründete, „Council of European Energy Regulators" (CERR) dar. Dabei handelt es sich um ein transgouvermentales, geschlossenes Verwaltungsnetzwerk, das Prinzipien zur Zusammenarbeit entwickelt, um den nationalen Regulierungsbehörden einen Orientierungspunkt für ihre tägliche Arbeit zu geben.[30]

IV. Überprüfung der nationalen Regulierungsbehörden

1. Auf Antrag einer anderen nationalen Regulierungsbehörde oder der Kommission

Jede Entscheidung einer nationalen Regulierungsbehörde kann auf ihre Rechtmäßigkeit in Bezug auf die Richtlinie 2009/73/EG oder die Verordnung (EG) Nr. 715/2009 auf Antrag der Kommission oder einer anderen nationalen Regulierungsbehörde bei der Agentur gemäß Art. 41 I RL 2009/73/EG hin untersucht werden. Die Agentur hat sich dabei gemäß Art. 43 II RL 2009/73/EG per Stellungnahme gegenüber dem Anfragensteller sowie der betroffenen nationalen Regulierungsbehörde zu äußern. Sollte die betroffene Regulierungsbehörde der Stellungnahme innerhalb einer Frist von vier Monaten ab Erhalt der Selbigen nicht nachkommen, so hat die Agentur die Pflicht, die Kommission gemäß Art. 43 III RL 2009/73/EG vom Vorgang zu unterrichten. Weiterhin besteht nach Art. 43 IV RL 2009/73/EG die Möglichkeit, dass jede nationale Regulierungsbehörde, die glaubt, dass die von einer anderen Regulierungsbehörde getroffene Entscheidung mit Relevanz für den grenzüberschreitenden Handel nicht im Einklang mit der Richtlinie 2009/73/EG oder der Verordnung (EG) Nr. 715/2009 steht, die Kommission

---

[30] *Tömmel*, S. 223.

direkt von diesem Vorgang in Kenntnis setzt. Dabei ist eine Frist von zwei Monaten nach dem Ergehen der fraglichen Entscheidung von der nationalen Regulierungsbehörde zu beachten.

2. Entscheidungsmöglichkeit der Kommission

Ist die Kommission durch die Agentur oder einer nationalen Regulierungsbehörde von der möglichen rechtswidrigen Entscheidung einer anderen nationalen Regulierungsbehörde informiert worden, so kann sie gemäß Art. 43 V RL 2009/73/EG innerhalb einer zweimonatigen Frist eine weitere Prüfung des Falles beschließen, wenn ernsthafte Zweifel an der Rechtmäßigkeit der Entscheidung bestehen. Ist die Kommission selbst und ohne Einwirken einer nationalen Regulierungsbehörde oder der Agentur zu der Einschätzung gekommen, dass Zweifel an der Rechtmäßigkeit einer Entscheidung einer nationalen Regulierungsbehörde bestehen, so hat sie eine Prüfungsfrist von drei Monaten zu beachten. Sollte die Kommission die Prüfung innerhalb dieser Fristen nicht weiter verfolgen, so ist gemäß Art. 43 VII RL 2009/73/EG davon auszugehen, dass keine Einwände im Sinne des Art. 41 VI lit. a RL 2009/73/EG gegen die Entscheidung der nationalen Regulierungsbehörde bestehen. Sollte die Kommission den Fall jedoch weiter prüfen, so ist sie verpflichtet, die betroffenen Parteien gemäß Art. 43 V S. 2 RL 2009/73/EG zu laden und anzuhören. Die Kommission muss dann gemäß Art. 43 VI RL 2009/73/EG innerhalb von vier Monaten nach dem der Beschluss gefasst wurde eine endgültige Entscheidung treffen. Dabei kann sie von der nationalen Regulierungsbehörde verlangen, dass die getroffene Entscheidung gemäß Art. 43 VI lit. b RL 2009/73/EG widerrufen werden muss. Die nationale Regulierungsbehörde hat dann gemäß Art. 43 VIII RL 2009/73/EG zwei Monate Zeit um die Entscheidung zu widerrufen und die Kommission über den Widerruf in Kenntnis zu setzen.

3. Bedeutung des Prozesses für die Verbesserung der Versorgungssicherheit

Die Richtlinie schafft mit der Regelung des Artikels 43 RL 2009/73/EG ein Kontrollelement um staatliche Handlungen, die den Bestimmungen der Richtlinie 2009/73/EG widersprechen, wirksam entgegenzutreten. Diese Regelung ist somit auch ein Element, um die Versorgungssicherheit innerhalb der Europäischen Union zu erhöhen. Durch die Möglichkeit des Anzeigens eines möglichen Verstoßes gegen die Richtlinie 2009/73/EG oder die Verordnung (EG) Nr. 715/2009 besteht dabei jedoch weder für die Kommission, noch für die Agentur die Pflicht jede einzelne Entscheidung einer nationalen Regulierungsbehörde zu prüfen. Problematisch erscheint jedoch, dass sich die Kommission im Falle einer Untersuchung nicht äußern muss, wenn das Verfahren als eingestellt zu betrachten ist, da von Außen der Anschein bestehen könnte, dass die Kommission sich des vorgelegten Sachverhaltes nicht angenommen hat.

E. Vorbeugende Maßnahmen zum Erhalt der Versorgungssicherheit

I. Beobachtung der Versorgungssicherheit

1. Regelung im Artikel 5 der Richtlinie 2009/73/EG

Nach Art. 5 S. 1 RL 2009/73/EG wird den Mitgliedsstaaten die Aufgabe der Beobachtung der Versorgungssicherheit zuteil, die wiederum an die nationale Regulierungsbehörde übertragen werden kann. Wichtige Parameter dieser Beobachtung sind gemäß Art. 5 S. 2 RL 2009/73/EG das Verhältnis von Angebot und Nachfrage auf dem nationalen Markt, die erwartete Nachfrageentwicklung, das verfügbare Angebot, die Qualität sowie der Umfang der Netzwartung und die Maßnahmen zur Bewältigung von Nachfragespitzen und Ausfällen von Versorgern. Diese Daten hat der Mitgliedsstaat oder die nationale Regulierungsbehörde der Kommission bis zum 31. Juli jeden Jahres zur Verfügung zu stellen.

2. Aktuelle Handhabung durch die Bundesnetzagentur

Die Bundesnetzagentur setzt in ihrem jährlich erscheinenden Bericht bereits die Forderungen der Richtlinie um. Dabei wurden im Jahresbericht 2009[31], vom März 2010, die Wettbewerbssituation im Gasmarkt, die Groß- und Einzelhandelspreise, die Netzentgelte, die getätigten Investitionen und die Versorgungssicherheit ausgewertet und mit Statistiken unterlegt. Ebenso wurden die Szenarien der künftigen Nachfrageentwicklung, der Fall eines Versorgungsengpasses und der damit verbundenen Reaktionen ausführlich erläutert. Dieser Bericht wird gemäß § 63 II EnWG bis zum 31.07. eines jeden Jahres vom Bundesministerium für Wirtschaft und Technologie an die Kommission weitergeleitet.

---

[31] *Bundesnetzagentur*, S. 164 - 171.

II. Verpflichtung der Anlagenbetreiber

1. Pflicht zur Schaffung neuer Infrastruktur

Die Richtlinie 2009/73/EG schreibt in Art. 13 I lit. a vor, dass jeder Betreiber von Fernleitungsnetzen, Speicher- und LNG-Anlagen verpflichtet ist eine sichere, zuverlässige und leistungsfähige Infrastruktur zu betreiben, so dass sowohl der effiziente und sichere Transport, als auch die Speicherung von Erdgas so erfolgen kann. Dabei hat der Fernleitungsnetzbetreiber im Sinne des § 3 Nr. 19 EnWG gemäß Art. 13 II RL 2009/73/EG dafür zu sorgen, dass ausreichende grenzüberschreitende Kapazitäten zur Integration in die europäische Fernleitungsinfrastruktur errichtet werden, um die Kapazitätsnachfrage befriedigen und die Versorgungssicherheit gewährleisten zu können. Ein Ausbau erfolgt dabei jedoch nur im Rahmen einer wirtschaftlichen und technischen Prüfung. Der Fernleitungsnetzbetreiber ist demnach nicht verpflichtet, sein Netz auszubauen, wenn der wirtschaftliche oder technische Nutzen nicht gegeben ist.

2. Pflicht zur Gewährleistung von Mindestnormen

Die Fernleitungsnetzbetreiber können von den Mitgliedsstaaten oder den nationalen Regulierungsbehörden gemäß Art. 13 IV RL 2009/73/EG verpflichtet werden, technische Mindestnormen bei der Wartung und dem Ausbau des Fernleitungsnetzes einzuhalten. Der deutsche Gesetzgeber verpflichtet den Betreiber von Fernleitungsnetzen gemäß § 19 II EnWG, technische Mindeststandards für den Netzbetrieb festzulegen. Die Gewährleistung der technischen Sicherheit richtet sich dabei nach § 49 EnWG und dem technischen Regelwerk des Deutschen Vereins des Gas- und Wasserfaches e. V. (DVGW).[32] Gemäß § 19 III S. 5 EnWG unterrichtet das Bundesministerium für Wirtschaft und Technologie die Europäische Kommission über diese technischen Mindestanforderungen.[33]

---

[32] *Stötzel* in: Britz / Hellermann / Hermes, § 19, S. 368, Rn. 5.
[33] *Hartmann* in: Danner / Theobald, § 19, Rn. 3.

F. Verbesserung des Schutzniveaus durch gesteuerte Investitionen

I. Die Pflicht zur Ausarbeitung von Netzentwicklungsplänen

Gemäß Art. 22 I S. 1 RL 2009/73/EG sind die Fernleitungsnetzbetreiber verpflichtet, einen zehnjährigen Entwicklungsplan auszuarbeiten und diesen der Regulierungsbehörde vorzulegen. Dieser muss nach Art. 22 I S. 2 RL 2009/73/EG die aktuelle Lage sowie die Prognosen im Bereich von Angebot und Nachfrage enthalten sein. Mit der Einrichtung der Netzentwicklungspläne wird gemäß Art. 22 II lit. a RL 2009/73/EG das Ziel verfolgt, den Marktteilnehmern Angaben darüber zu liefern, welche Übertragungsinfrastruktur innerhalb der nächsten Entwicklungsplanperiode errichtet oder ausgebaut werden muss, gemäß Art. 22 II lit. b RL 2009/73/EG alle bereits abgeschlossenen Investitionen aufzulisten und die neuen Investitionen zu bestimmen und gemäß Art. 22 II lit. c RL 2009/73/EG einen Zeitplan für neue Investitionsprojekte vorzulegen.

II. Die Befugnis der nationalen Regulierungsbehörde zum Erlass von Investitionsentscheidungen

Der nationalen Regulierungsbehörden werden durch Art. 22 VI RL 2009/73/EG dazu verpflichtet die Durchführung des Netzentwicklungsplanes zuüberwachen und die Entwicklungen zu evaluieren. Sollte der Fernleitungsnetzbetreiber aus Gründen, die von ihm zu vertreten sind, keine Investitionen vorgenommen haben, so ist die nationale Regulierungsbehörde verpflichtet, eine Maßnahme des Art. 22 VII RL 2009/73/EG anzuwenden. Bei diesem Maßnahmenkatalog kann sprachlich nicht davon ausgegangen werden, dass die nationale Regulierungsbehörde die Maßnahmen in chronologischer Reihenfolge anwendet, so dass der betroffene Fernleitungsnetzbetreiber zuerst mit dem mildesten der verfügbaren Mittel konfrontiert werden würde. In diesem Zusammenhang könnte argumentiert werden, dass die Regelung des Art. 22 VII RL 2009/73/EG europarechtswidrig ist, da sie gegen die Grundfreiheiten des Kapital- und Zahlungsverkehrs nach Art. 63 ff. AEUV verstoßen könnte.

a. Abgrenzung von Kapital- und Zahlungsverkehrsfreiheit

Um einen möglichen Verstoß gegen die Grundfreiheiten des Kapitals- und Zahlungsverkehrs feststellen zu können, sind diese im ersten Schritt voneinander abzugrenzen. Dies hat der EuGH bisher in einer Einzelrechtssprechung vorgenommen.[34] In der Sache Luisi und Carbone[35] hat der EuGH den Zahlungsverkehr als grenzüberschreitende Übertragung von Zahlungsmitteln zur Erfüllung von Zahlungsverpflichtungen aus einem auf Leistungsaustausch beruhenden Rechtsverhältnis definiert.[36] Der EuGH hat in der Richtlinie 88/361/EWG eine nicht abschließende Aufzählung wirtschaftlicher Vorgänge aufgestellt, um den Begriff der Kapitalverkehrsfreiheit zu bestimmen. Zur rechtlichen Abgrenzung sollte dabei vor allem auf die Kapitalbewegung abgestellt werden. Es handelt sich also sich um eine Transaktionen im Kapitalverkehr, wenn Anlage- und Transaktionszwecke verfolgt werden,[37] die nicht direkt durch den Waren- oder Dienstleistungsverkehr bedingt sind.[38] Bei der Teilhabe an einem Fernleitungsnetzbetreiber liegt angesichts der hohen Investitionen ein Anlagezweck und somit eine Kapitalbewegung im Sinne der Kapitalverkehrsfreiheit im Sinne des Art. 63 I AEUV vor.

b. Schutzbereich des Art. 63 I AEUV und Eingriff in den Selbigen

Der persönliche Schutzbereich des Art. 63 I AEUV ist eröffnet, da sowohl juristische, als auch natürliche Personen geschützt sind. Der räumliche Schutzbereich der Kapitalverkehrsfreiheit ist wesentlich weiter gefasst als der Geltungsbereich aller anderen Grundfreiheiten. In Art. 63 I AEUV werden nicht nur die Beschränkungen zwischen den Mitgliedsstaaten selbst sondern auch zwischen Mitgliedsstaaten und Drittländern erfasst. Dieser Grundsatz wurde vom EuGH jedoch im Skatteverket ./. AB SFK - Urteil[39] mit der Einschränkung versehen, dass in diesen Fällen ein anderer rechtlicher Maßstab gelte, als bei einer Streitigkeit zweier Parteien aus den Mitgliedsstaaten der europäischen Union.[40] Die Regelungen des Art. 22 VII RL 2009/73/EG stellt zweifelsohne auch einen Eingriff in den

---

[34] *Frenz,* Band 1, S. 1032, Rn. 2736.
[35] EuGH, Rs. 286/82 u. 26/83.
[36] *Fischer,* S. 242, Rn. 591.
[37] *Dupalan,* S. 18.
[38] *Hailbronner, Jochum,* S. 242, Rn. 669.
[39] EuGH, Rs. C-101/05.
[40] *Lachmeyer / Bauer,* S. 546.

Schutzbereich des Art. 63 I AEUV dar, da potentielle Investoren abgeschreckt werden und bisherigen Aktionären ein weiterer Gesellschafter aufoktroyiert wird.

c. Verhältnismäßigkeit des Artikel 22 VII der Richtlinie 2009/73/EG

Der Eingriff des Art. 22 VII RL 2009/73/EG in die Grundfreiheit des Art. 63 I AEUV muss verhältnismäßig sein. Zur Erreichung dieses Zweckes muss sie einen legitimen Zweck verfolgen, geeignet, erforderlich und angemessen sein.[41] An der Verfolgung des legitimen Zweckes ist bei der Zielstellung der Sicherung der Versorgung nicht zu zweifeln. Ebenso ist die Maßnahme geeignet, da das verfolgte Ziel der Versorgungssicherheit durch die in Art. 22 VII RL 2009/73/EG beschriebenen Maßnahmen grundsätzlich erreicht werden kann. Umstritten ist, ob die Art. 22 VII RL 2009/73/EG erforderlich und angemessen ist[42] und ob die Angemessenheit im Rahmen einer europarechtlichen Prüfung durchgeführt werden muss. Angemessen ist eine Regelung, wenn sie in einem angemessenen Verhältnis zu dem mit ihr verfolgten Zweck steht.[43] Die Maßnahme ist erforderlich, wenn kein milderes, aber ebenso geeignetes Mittel zur Verfügung steht.[44] Dabei sind die drei Maßnahmen einzeln auf ihre Erforderlichkeit und Angemessenheit hin zu überprüfen:

[1] Aufforderung zur Vornahme der Investition

Die Aufforderung zur Vornahme der Investition durch die nationale Regulierungsbehörde nach Art. 22 VII lit. a RL 2009/73/EG ist sowohl angemessen, als auch erforderlich, da sie gemäß Art. 22 VI RL 2009/73/EG die Durchführung des zehnjährigen Netzentwicklungsplanes zu überwachen hat und diese Aufgabe ohne Aufforderung zur Investition keinen Sinn ergeben würde. Zudem ist die Aufforderung zur Investition ein sehr mildes Mittel um die Versorgungssicherheit zu gewährleisten.

---

[41] *Frenz,* Band 4, S. 1498, Rn. 4944.
[42] Gegenansicht: *Schmidt-Preuß,* Energiewirtschaftliche Tagesfragen, Onlineausgabe.
[43] *Frenz,* Band 5, S. 233, Rn. 763.
[44] *Epping,* S. 19, Rn. 53.

Ausschreibungsverfahrens zur Durchführung der betreffenden Investitionen

Ordnet die nationale Regulierungsbehörde ein Ausschreibungsverfahren zur Durchführung der betreffenden Investitionen an und geht man davon aus, dass die nationale Behörde den Fernleitungsnetzbetreiber zur Durchführung der betreffenden Investition bereits aufgefordert hat, so steht ihr kein milderes Mittel zur Verfügung. Insofern ist die Maßnahme erforderlich. Zudem kann der Fernleitungsnetzbetreiber einen Investor beschaffen oder die nötigen Mittel selbst aufbringen, da das Verfahren nach Art. 22 VII lit. b RL 2009/73/EG allen Investoren offensteht. Somit ist diese Maßnahme ebenso angemessen.

[3] Verpflichtung des Fernleitungsnetzbetreibers einer Kapitalaufstockung zuzustimmen

Besonders in der Maßnahme des Art. 22 VII lit. c RL 2009/73/EG sehen Kritiker eine mögliche Verletzung der Kapitalverkehrsfreiheit.[45] Dabei wird vor allem kritisiert, dass in einem hoheitlichen Akt angeordnet wird, dass ein weiterer Gesellschafter mit allen damit verbundenen Rechten und Pflichten den bisherigen Gesellschaftern aufoktroyiert wird und dass damit die Sicherheit der Anlage nicht mehr gewährleistet ist. Jedoch sollte man beachten, dass diese Regelung nur eine ultima ratio nach einem detaillierten und genau festgeschriebenen Verfahren darstellen kann und der nationalen Regulierungsbehörde auch kein milderes Mittel zur Verfügung stehen darf, um eine Investition durchzusetzen. Weiterhin hat gerade das deutsche Recht mit dem Instrument der Vorzugsaktie ohne Stimmrecht nach §§ 139 ff. AktG Möglichkeiten zur Verfügung gestellt, um eine Kapitalaufstockung nach Art. 22 VII lit. c RL 2009/73/EG zu ermöglichen, ohne die Stimmverhältnisse innerhalb der Gesellschaft zum Nachteil der bisherigen Gesellschafter zu verschieben. Dies könnte für renditeorientierte Investoren interessant sein, da sie zwar über kein Stimmrecht verfügen, jedoch genießen sie eine Priorität bei der Ausschüttung des Bilanzgewinnes gegenüber den Stammaktionären.[46]

---

[45] *Schmidt-Preuß,* Energiewirtschaftliche Tagesfragen, Onlineausgabe.
[46] *Wesen* in Hüffer, § 139, S. 773, Rn. 6.

d. Zwischenergebnis

Die Regelung des Art. 22 VII RL 2009/73/EG verstößt nicht gegen die Kapitalverkehrsfreiheit im Sinne des Art. 63 I AEUV und ist somit auch nicht europarechtswidrig. Jedoch bewegt sich die Regelung am Rande des Vertretbaren, da ein nicht unerheblicher Eingriff in die Rechte der Gesellschafter vorgenommen wird. Bei der Umsetzung in das deutsche Recht sollte daher darauf geachtet werden, dass das Instrument des Art. 22 VII lit. c RL 2009/73/EG tatsächlich ultima ratio bleibt und ein grundsätzlicher Handlungsstrang entwickelt wird, der zuerst die Aufforderung zur Investition im Sinne des Art. 22 VII lit. a RL 2009/73/EG und des Ausschreibungsverfahrens im Sinne des Art. 22 VII lit. b RL 2009/73/EG vorsieht. Sollte dies nicht geschehen, so besteht die Gefahr, dass die künftige nationale Regelung gegen das Grundrecht der Eigentumsfreiheit nach Art. 14 I GG verstoßen könnte. Zwar ist das Bundesverfassungsgericht bisher der Frage ausgewichen, ob Art. 14 I GG auch das Recht am eingerichteten und ausgeübten Gewerbebetrieb unter Schutz stellt, jedoch ist anerkannt, dass einzelne Eigentumspositionen durchaus einen Schutz genießen.[47]

IV. Schaffung neuer Infrastruktur

Da es sich bei Erdgas um einen leitungsgebundenen Energieträger handelt, ist bei einer erhöhten Nachfrage, die die aktuellen Transportkapazitäten übersteigen würde, zur Sicherung der Versorgung die Schaffung einer neuen Infrastruktur nötig. Sektorspezifisch ist dabei die Unteilbarkeit als Merkmal der Investitionen auf dem Gasmarkt.[48] Dies bedeutet, dass eine Voluminaerweiterung bereits bestehender Rohrleitungen nicht möglich ist. Somit handelt es sich bei den Infrastrukturvorhaben im Transportsektor um eine „0 - 1 Entscheidung".[49] Entscheidet sich ein Investor für den Aufbau von Infrastrukturanlagen, so sind diese mit enormen Kosten und Risiken verbunden.

---

[47] *Epping*, S. 181.
[48] *Wiggert*, S. 34.
[49] *Perner*, S. 58.

1. Die Regelung des Artikel 36 der Richtlinie 2009/73/EG

Die Union hat dies erkannt und durch die Regelung in Art. 36 RL 2009/73/EG ein Instrument geschaffen um trotz eines freien Marktes weitere Investitionen zu ermöglichen. Dabei sieht Art. 36 I RL 2009/73/EG vor, dass große neue Erdgasinfrastrukturen für einen bestimmten Zeitraum von einigen in der Richtlinie geregelten Bestimmungen befreit werden können. Dazu muss durch die Investition der Wettbewerb bei der Gasversorgung und die Versorgungssicherheit selbst verbessert werden (Art. 36 I lit. a RL 2009/73/EG), die Investitionsrisiken müssen so hoch sein, dass die Investition selbst nicht getätigt würde, wenn der Investor nicht von den Bestimmungen befreit würde (Art. 36 I lit. b RL 2009/73/EG) und eine Ausnahme darf sich nicht nachteilig auf den Wettbewerb oder das effektive Funktionieren des Erdgasbinnenmarktes oder das effiziente Funktionieren des regulierten Netzes, an das die Infrastruktur angeschlossen ist (Art. 36 I lit. e RL 2009/73/EG) auswirken. Die geschaffene Infrastruktur muss dabei Eigentum einer juristischen oder natürlichen Person sein, die zumindest der Rechtsform nach vom Netzbetreiber getrennt ist, indessen Netz die Infrastruktur entsteht (Art. 36 I lit. c RL 2009/73/EG). Zusätzlich muss der Nutzer der Infrastruktur zwingend Gebühren entrichten (Art. 36 I lit. d RL 2009/73/EG). Sind alle diese Kriterien erfüllt, so kann die Anlage eine bestimmte Zeit von den Regelungen des Unbundlings im Sinne des Art. 9 RL 2009/73/EG, also dem Zugang Dritter zu Fernleitungs- und Verteilernetzen und zu LNG-Anlagen im Sinne des Art. 32 RL 2009/73/EG, dem Zugang zur Speicheranlagen und Netzpufferung nach Art. 33 RL 2009/73/EG und dem Zugang zu vorgelagerten Rohrleitungsnetzen nach Art. 34 RL 2009/73/EG sowie den Regelungen des Art. 41 VI, VIII, X RL 2009/73/EG befreit werden. Zudem ist eine Befreiung bei erheblichen Kapazitätsaufstockungen bei bereits vorhandener Infrastruktur gemäß Art. 36 II RL 2009/73/EG möglich. Wann eine Kapazitätsaufstockung erheblich ist, wird nicht definiert. Unzweifelhaft liegt eine erhebliche Kapazitätsaufstockung vor, wenn sich die gespeicherte Menge, wie im Falle Ungarns, von 3,5 Mrd. Kubikmeter im Jahr 2006 auf 5,59 Mrd. Kubikmeter im Jahr 2010 nahezu verdoppelt.[50] Die Ausnahme kann sich dabei gemäß Art. 36 VI RL 2009/73/EG auf die gesamte Infrastruktur richten oder nur

---

[50] *Korosi, Tamás,* Magyar Energia Hivatal, 20th Session of UN Working Party on Gas, Geneva 19 – 20. January 2010, handout-paper, S. 13.

auf Teilelemente. In jedem Fall hat die nationale Regulierungsbehörde, sollte sie eine Ausnahme gewähren, diese gemäß Art. 36 VI RL 2009/73/EG ordnungsgemäß zu begründen und zu veröffentlichen. Die nationale Regulierungsbehörde ist zudem auch verpflichtet die Kommission gemäß Art. 36 VIII RL 2009/73/EG über alle Vorgänge in Kenntnis zu setzen. Diese Pflicht beinhaltet die Übermittlung einer Kopie der Anträge, die Mitteilung der Entscheidung der nationalen Regulierungsbehörde und aller dazu gehörigen Informationen. Die Kommission hat dabei gemäß Art. 36 IX RL 2009/73/EG die Möglichkeit von der nationalen Regulierungsbehörde den Widerruf oder die Änderung der Ausnahme innerhalb von zwei Monaten zu verlangen. Es bleibt unklar welche Kriterien die Kommission bei der Erwägung einer Aufforderung zum Widerruf oder zu Änderung zu beachten hat. Die Frist von zwei Monaten kann um weitere zwei Monate verlängert werden, wenn die Kommission weitere Informationen benötigt. Werden diese gemäß Art. 36 IX Unterabs. 2 RL 2009/73/EG nicht rechtzeitig vorgelegt, muss die Entscheidung widerrufen werden. Der Widerruf einer Entscheidung wird von der nationalen Regulierungsbehörde innerhalb eines Monats getätigt. Sie muss die Kommission davon in Kenntnis setzen. Der Investor hat nach der Entscheidung der Kommission zwei Jahre Zeit mit dem Bau der Infrastruktur zu beginnen. Er muss die Struktur spätestens fünf Jahre nach der Entscheidung der Kommission in Betrieb genommen haben. Erstreckt sich die betreffende Infrastruktur über mehrere Mitgliedsstaaten, so kann ACER den Regulierungsbehörden gemäß Art. 36 IV RL 2009/73/EG eine Stellungnahme übermitteln, die in die Überlegung der Ausnahme einbezogen werden kann. Die betreffenden nationalen Regulierungsbehörden sind gemäß Art. 36 IV Unterabs. 2 RL 2009/73/EG dazu verpflichtet nach getroffener Entscheidung ACER über das Ergebnis zu informieren. ACER kann dabei die Aufgaben der nationalen Regulierungsbehörde im Rahmen des Art. 36 IV RL 2009/73/EG an sich ziehen, wenn sich die nationalen Regulierungsbehörden gemäß Art. 36 IV lit. a RL 2009/73/EG nicht innerhalb von sechs Monaten ab Abgabe des letzten Antrags geeinigt haben oder wenn die Regulierungsbehörden gem. Art. 36 IV lit. b RL 2009/73/EG um eine Aufgabenübertragung ersuchen.

2. Die praktische Bedeutung der Regelung

Die Schaffung einer nötigen Infrastruktur auf dem Gasmarkt ist mit einem sehr hohen Kapitaleinsatz verbunden. Daher entstand innerhalb der Europäischen Union eine Marktstruktur, die es ermöglichte, die Risiken entlang der Wertschöpfungskette zu verteilen, da ein Monopol für Gasversorger und Gasimporteure bestand, welches diese in die Lage versetzte langfristige Verträge mit ihren Zulieferern abzuschließen.[51] Dadurch konnten Investitionen langfristig und ohne nennenswerte Risiken realisiert werden. Mit der Auflösung des Monopols für Gasversorger und Gasimporteure sind Investitionen in die Infrastruktur weiterhin unerlässlich. Dies wird klar, wenn man allein den Investitionsbedarf im Gasspeicherbau heranzieht. In diesem Sektor wird man feststellen, dass bei einem Investitionsvolumen, das allein im Jahr 2010 allein in Deutschland ungefähr 350 Mio. Euro betragen wird und jährlich um circa 100 Mio. Euro ansteigt,[52] ein Bedarf für den Neu- und Ausbau von Infrastrukturanlagen besteht. Daher hat die Europäische Union mit der Schaffung des Artikels 36 der Richtlinie 2009/73/EG einen Anreiz für die Durchführung weiterer Investitionen geschaffen.

3. Umsetzung in das EnWG

Die Festlegungen zur Errichtung neuer Infrastrukturen sind in Deutschland im § 28 a EnWG normiert. Dabei sind die Kriterien für die Gewährung einer Ausnahme bei § 28 a I EnWG und Art. 36 I RL 2009/73/EG nahezu wortgleich. Die Regelung des EnWG setzt demnach alle Kriterien der Richtlinie zur Gewährung der Ausnahmen bei Investitionen in Infrastrukturen um. Die Aufstockung bereits vorhandener Infrastruktur nach Art. 36 II RL 2009/73/EG ist ebenfalls in § 28 a II EnWG enthalten. Hierbei ist die Regelung im EnWG jedoch um einiges präziser, da sie von einer Erhöhung des Kapazitätsvolumens ausgeht, wenn diese nach objektiver Betrachtung notwendig ist, während die Richtlinie 2009/73/EG von einer nicht näher bestimmten, erheblichen Kapazitätsaufstockung spricht. § 28 III EnWG wird ebenso umgesetzt. Hier müssen lediglich die Verweise hin zur Richtlinie 2009/73/EG verändert werden. Die Bundesnetzagentur erfüllt auch die Pflicht zur Veröffentlichung nach § 28 a IV EnWG.

---

[51] *Stäcker,* S. 9.
[52] BDEW Pressemitteilung „BDEW zur sicheren Gasversorgung" vom 15.05.2009.

G. Handeln bei Versorgungsunterbrechungen

I. Regionale Solidarität

Über jedem Handeln bei Versorgungsunterbrechungen steht der in Art. 6 I RL 2009/73/EG festgelegte Grundsatz der Solidarität der Mitgliedsstaaten. Dabei betrifft die Zusammenarbeit gemäß Art 6 II RL 2009/73/EG Situationen, die kurzfristig zu einer gravierenden Unterbrechung der Versorgung eines Mitgliedsstaates führt oder führen könnte. Wann eine Versorgungsunterbrechung gravierend ist, lässt die Richtlinie 2009/73/EG offen. In Anlehnung an die Begriffsbestimmung aus Art. 2 Nr. 2 RL 2004/67/EG dürfte eine gravierende Unterbrechung der Versorgung erst bei einem Ausfall von 20 % der nationalen Gasversorgung oder bei Erreichen eines Wertes, der zur Folge hätte, dass die gesamte Nachfrage nicht mehr abgedeckt werden kann, vorliegen.[53] Die Zusammenarbeit der Mitgliedsstaaten soll dabei gemäß Art. 6 II lit. a RL 2009/73/EG die Koordination nationaler Notfallmaßnahmen im Sinne des Art. 8 RL 2004/67/EG enthalten. In Art. 8 I S. 1 RL 2004/67/EG ist vorgesehen, dass die Mitgliedsstaaten vorsorglich nationale Notfallmaßnahmen ausarbeiten. Diese sind gemäß Art. 8 I S. 2 RL 2004/67/EG zu veröffentlichen. In Folge der Richtlinie haben 18 Mitgliedsstaaten ihre nationalen Notfallmaßnahmen an die Kommission übermittelt, wobei 10 Mitgliedsstaaten nationale Notfallpläne ausgearbeitet haben.[54] Weiterhin sieht Art 6 II lit. b RL 2009/73/EG, soweit erforderlich, den Auf- und Ausbau von Erdgasverbindungsleitungen vor. Die Kommission und die anderen Mitgliedsstaaten werden nach Art. 6 III RL 2009/73/EG regelmäßig über die Zusammenarbeit unterrichtet. Dabei kann die Kommission Leitlinien für die regionale Kooperation gemäß Art 6 IV RL 2009/73/EG erlassen.

II. Staatliche Schutzmaßnahmen bei Marktkrisen

Artikel 46 RL 2009/73/EG regelt das Verhalten der Mitgliedsstaaten bei Marktkrisen. Ein Mitgliedsstaat darf demnach die aus seiner Sicht notwendigen Schutzmaßnahmen treffen, wenn Personen, Geräte oder Anlagen oder die Unversehrtheit des Netzes gefährdet sind. Die Maßnahmen müssen vorübergehend sein und gemäß Art. 46 II RL

---

[53] Entgegenstehende Meinung: *Gouvernement du Grand-Duché de Luxembourg*, S. 3.
[54] Mitteilung der Kommission vom 13.11.2008, S. 9.

2009/73/EG nur die geringstmöglichen Störungen im Binnenmarkt hervorrufen. Sie dürfen zudem nicht über das Beheben der kurzfristig auftretenden Krise hinausgehen. Demnach ist bei einer Prüfung des Mittels zur Behebung der Krise nach milderen Mitteln und der Dauer der Maßnahme zu fragen. Sollte die Kommission feststellen, dass nicht das mildeste Mittel gewählt worden ist, die Dauer der Maßnahme über den Krisenfall hinausgeht oder gemeinsamen Interessen zuwiderlaufen, so kann sie gemäß Art. 46 III RL 2009/73/EG dem Mitgliedsstaat die Änderung oder den Widerruf der Maßnahme auftragen. Der Mitgliedsstaat ist verpflichtet jede Schutzmaßnahme im Sinne des Art. 46 RL 2009/73/EG der Kommission gemäß Art. 46 III RL 2009/73/EG mitzuteilen.

H. Versorgungssicherheit durch die Zertifizierung in Bezug auf Drittstaaten

Wie an obiger Stelle bereits festgestellt wurde, befindet sich die Europäische Union in einem zunehmenden Verhältnis der Abhängigkeit von Erdgasvorkommen außerhalb der Europäischen Union. Die Rohstoffbasen außerhalb der Europäischen Union liegen zum Großteil in der Russischen Föderation, Norwegen und Algerien.[55] Um diese Abhängigkeit gegenüber Erdgas fördernden Drittstaaten nicht unnötig zu vergrößern, wurde im 3. Legislativpaket das Instrument der „Zertifizierung in Bezug auf Drittstaaten" zum Schutz des heimischen Marktes in Art. 11 RL 2009/73/EG geschaffen.

I. Generelle Zertifizierungspflicht in Bezug auf Drittstaaten

Die Richtlinie sieht eine generelle Zertifizierungspflicht bei der Bemühung eines Fernleitungsnetzbetreibers oder Fernleitungsnetzeigentümers, der aus einem oder mehreren Drittländern kontrolliert wird, um den Erhalt einer Zertifizierung, vor. Die Regulierungsbehörde ist bei einem Antrag eines Fernleitungseigentümers oder –betreibers gemäß Art. 11 I RL 2009/73/EG verpflichtet die Kommission über diese Bemühung in Kenntnis zu setzen. Weiterhin ist die Regulierungsbehörde dazu verpflichtet, die Kommission gemäß Art. 11 II RL 2009/73/EG die Kommission über alle Umstände zu informieren, die aus der direkten Kontrolle durch Personen aus Drittstaaten resultieren. Die Regulierungsbehörde hat gemäß Art. 11 III RL 2009/73/EG

---

[55] *Ellersdorfer*, S. 112; *Panos*, S. 15.

vier Monate ab dem Tag der Mitteilung durch den Fernleitungsnetzbetreiber Zeit sich zum Antrag auf Zertifizierung zu äußern.

II. Möglichkeiten der Verweigerung der Zertifizierung

Die nationale Regulierungsbehörde hat die Möglichkeit ein Zertifizierungsersuchen in einigen Fällen zu verweigern.

1. Auslegungsproblematik bei Artikel 11 III der Richtline 2009/73/EG

Fraglich ist, ob beide Voraussetzungen des Art. 11 III lit. a RL 2009/73/EG kumulativ auftreten müssen oder ob es genügt, dass eine der beiden Voraussetzungen vorliegt. Die Richtlinie in deutscher Fassung lässt den Anschein erwecken, dass das „und" in Art. 11 III lit. a RL 2009/73/EG ein verbindendes Element darstellt und das durch eine kumulative Wirkung erzielt wird. Wirft man einen Blick auf die englischsprachige Fassung der Richtlinie, so entfaltet das „and" durch das vorgelagerte Semikolon keine kumulative sondern eher eine alternative Wirkung. Geht man zudem vom Telos der Norm aus, der zum Einen den Schutz des heimischen Marktes und zum Anderen den Schutz der Versorgungssicherheit des Verbrauchers beabsichtigt, würde eine größere Stärkung der Schutzwirkung durch einen alternativen Gebrauch der Richtlinie eintreten. Zudem beinhaltet Art. 11 V RL 2009/73/EG eine ähnlich geartete Regelung wie Art. 11 III RL 2009/73/EG. Hier wird auf Grund des nicht vorhandenen Kommas deutlich, dass im Falle des Art. 11 V RL 2009/73/EG eine kumulative Wirkung anzunehmen ist. Dies spricht wiederrum für eine alternative Wirkung im Art. 11 III RL 2009/73/EG. Eine Lesart, die von einer alternativen Wirkung bei Art. 11 III lit. a RL 2009/73/EG ausgeht, ist daher anzunehmen.

2. Kriterien bei der Prüfung einer Zertifizierungsverweigerung

Erwägt die prüfende nationale Behörde die Verweigerung der Zertifizierung, so hat sie die in der Richtlinie verankerten Kriterien zu berücksichtigen. Diese sind vor allem Rechte und Pflichten, die aus dem Völkerrecht erwachsen (Art. 11 III lit. b, Unterabs. i) RL 2009/73/EG), Rechte und Pflichten, die aus geschlossenen Abkommen mit dem betreffenden Drittland erwachsen (Art. 11 III lit. b, Unterabs. ii) RL 2009/73/EG) oder anderen speziellen Gegebenheiten des Einzelfalls und des betreffenden Drittlandes (Art. 11 III lit. b, Unterabs. iii) RL 2009/73/EG).

3. Entscheidungsstufen bei der Prüfung der Zertifizierung

a. Einbeziehung der Kommission in die Entscheidung

Die Mitgliedsstaaten müssen der nationalen Regulierungsbehörde gemäß Art. 11 V RL 2009/73/EG vorschreiben, dass die vor ihrer Entscheidung die Stellungnahme der Kommission einholt. Dabei muss sich die Kommission gemäß Art 11 V lit. a RL 2009/73/EG mit der Frage befassen, ob die betreffende Rechtsperson den Anforderungen des Art. 9 RL 2009/73/EG genügt und ob eine Gefährdung der Energieversorgungssicherheit der Europäischen Union bei Erteilung der Zertifizierung ausgeschlossen ist. Die Stellungnahme wird dabei gemäß Art. 11 VI RL 2009/73/EG innerhalb von zwei Monaten von der Kommission an die nationale Regulierungsbehörde übermittelt. Bei der Prüfung kann die Kommission nach Art. 11 VI Unterabs. 2 RL 2009/73/EG jedoch auch die betroffenen Mitgliedsstaaten, die Agentur und weitere Betroffene anhören. In diesem Fall verlängert sich die Frist bis zur Abgabe der Stellungnahme um weitere zwei Monate. Sollte keine Stellungnahme erfolgen, so ist gemäß Art. 11 VI Unterabs. 3 RL 2009/73/EG davon auszugehen, dass keine Einwände der Kommission gegen die Entscheidung der Regulierungsbehörde vorliegen. Es stellt sich die Frage ob die Kommission im Vergleich zur Regulierungsbehörde des Mitgliedsstaates materiell differenziert prüft. So prüft sie zwar genau wie die nationale Regulierungsbehörde die besonderen Gegebenheiten des Einzelfalls und des betreffenden Drittlandes gemäß Art. 11 VII lit. a RL 2009/73/EG sowie die Rechte und Pflichten gegenüber diesem Drittland gemäß Art. 11 VII lit. b RL 2009/73/EG, jedoch ist auffällig, dass Art. 11 VII von der Versorgungssicherheit an sich spricht, während Art. 11 III lit. b Unterabs. i) explizit von der Erdgasversorgungssicherheit ausgeht. Somit könnte die Kommission unter Umständen auch die Versorgungssicherheit mit anderen Gütern, wie etwa Öl in ihre Stellungnahme mit einfließen lassen. Dafür spricht die explizite Nennung des Prüfungsumfanges der Kommission. Würde der europäische Gesetzgeber den gleichen Prüfungsmaßstab für Kommission und nationale Regulierungsbehörde wollen, so könnte er einfach auf den Art. 11 III lit. b RL 2009/73/EG verweisen. Da er dies jedoch nicht tut, ist von einer differenzierten Prüfung der Kommission auszugehen.

b. Bindung an die Stellungnahme der Kommission

Die Regulierungsbehörde hat gemäß Art. 11 VIII RL 2009/73/EG ihre endgültige Entscheidung zwei Monate nach der Stellungnahme der Kommission abzugeben. Dabei stellt sich die Frage, in welchem Maß sich die nationale Regulierungsbehörde an die Stellungnahme der Kommission binden lassen muss. Art. 11 VIII S. 2 RL 2009/73/EG spricht davon, dass die nationale Regulierungsbehörde der Stellungnahme der Kommission soweit wie möglich Rechnung zu tragen hat. Art. 11 VIII S. 3 RL 2009/73/EG gibt der nationalen Regulierungsbehörde ein Zertifizierungsverweigerungsrecht, wenn die Energieversorgung des betreffenden oder eines anderen Mitgliedsstaates gefährdet ist. Die abschließende Entscheidung der nationalen Regulierungsbehörde wird zusammen mit der Stellungnahme der Kommission veröffentlicht. Sollte die Entscheidung der nationalen Regulierungsbehörde abweichen, so muss diese gemäß Art. 11 VIII S. 6 RL 2009/73/EG neben ihrer abschließenden Entscheidung auch die Begründung für diese Entscheidung mitteilen und veröffentlichen.

III. Vereinbarkeit mit dem World Trade Organization (WTO) - Übereinkommen

Zu untersuchen bleibt noch, ob die Regelungen des Art. 11 RL 2009/73/EG möglicherweise dem WTO-Übereinkommen widersprechen.

1. Anwendung von GATT und GATS

Dazu muss festgestellt werden, in welchem Verhältnis das „General Agreement on Trade in Services" (GATS) und das „General Agreement on Tariffs and Trade" (GATT) anzuwenden sind. Eine staatliche Maßnahme, die primär den Warenhandel betrifft, kann auch in den Anwendungsbereich des GATS fallen, wenn sie den Handel mit Dienstleistungen, wie etwa Verkaufs-, Lager- und Transportdienstleistungen beinhaltet.[56] In diesen Fällen sind sowohl GATT, als auch GATS anwendbar.[57]

---

[56] WT – DS27/AB/R, EC – Bananas III; *Pitschas / Neumann / Herrmann*, S. 306.
[57] *Krajewski*, S. 139, Rn. 438.

2. Prüfung eines möglichen Verstoßes gegen das Prinzip des freien Marktzugangs gemäß Art. XVI GATS

Artikel I sec. 2 GATS regelt die vier Möglichkeiten der Dienstleistungserbringung.[58] Die einschlägige Modalität ist gemäß Art. I sec. 2 lit. c GATS die Dienstleistung durch die Niederlassung eines aus dem Ausland stammenden Dienstleistungserbringers. Diese wird jedoch durch den Grundsatz des Marktzugangs gemäß Art. XVI GATS eingegrenzt. Danach ist der Marktzugang nur zu gewähren, wenn sich die Vertragsparteien ausdrücklich dazu in spezifischen Zugeständnissen verpflichtet haben.[59] Diese sind dann gemäß Art. XX sec. 3 GATS Bestandteil des GATS und erst dann bindend.

3. Ergebnis

Eine ausdrückliche Verpflichtung der Europäischen Union in einem spezifischen Zugeständnis den Markzugang auf dem Energiesektor für Drittstaaten zu öffnen ist bisher noch nicht abgegeben worden. Somit verstößt die Regelung des Art. 11 RL 2009/73/EG auch nicht gegen geltendes Recht der WTO.

IV. Praktische Konsequenz der Regelung

Jedoch sind die Konsequenzen, vor allem mit Blick auf die neuen Mitglieder der Europäischen Union in Südost- und Osteuropa, nicht zu unterschätzen. Es besteht das Risiko, dass der Schutz der heimischen Energiewirtschaft und letztendlich auch die Sicherheit des Kunden mit einem hohen politischen Preis bezahlt werden. Die Russische Föderation stand der Regelung des Art. 11 RL 2009/73/EG die sich offensichtlich gegen das Handeln russischer Marktakteure richtet und daher bereits den Beinamen „Gazprom-Klausel" trägt,[60] in öffentlichen Stellungnahmen sehr kritisch gegenüber. Die Vermutung der Russischen Föderation, dass die Europäische Union Protektionismus auf Grund der nicht vorhandenen Energievorräte und der bisher unzureichend zusammenarbeitende Versorgungsnetze[61] betreibt, ist daher nicht abwegig. Es ist zumindest festzustellen, dass die Gründe für eine mögliche

---

[58] *Englisch,* S. 376.
[59] *Krajewski,* S. 146, Rn. 458.
[60] Pressemitteilung des Rates 13649/08 vom 10.10.2008, S. 17 f.; *Krautscheid,* S. 139.
[61] *Altmann* in: Braml / Kaiser / Maull / Sandschneider / Schatz, S. 325.

Zertifizierungsverweigerung in der Richtlinie nicht ausreichend präzise und frei von politischen Interessen formuliert wurden. Art. 11 III lit. b iii) verweist, wie bereits oben erwähnt, auf andere spezielle Gegebenheiten des Einzelfalls und des betreffenden Drittlandes. Die Grenze zwischen einem ökonomischen Sicherungselement und einem politisch motivierten auswärtigem Handeln wird daher unscharf. Völkerrechtlich ist dies bisher unbedenklich, da die Russische Föderation weiterhin außerhalb des WTO-Systems steht[62] und die Europäische Union sich im Rahmen des GATS gegenüber Drittstaaten selbst zu einer Öffnung des Marktes verpflichten müsste, was bis zum heutigen Tag nicht geschehen ist.

I. Schutz der Bürger der Union als Aspekt der Versorgungssicherheit

Versorgungssicherheit ist nicht nur ein politisches oder volkswirtschaftliches Problem. Vielmehr müssen die Bürger der Union die Folgen einer unzureichenden Versorgungssicherheit auf dem Erdgasmarkt direkt tragen.

I. Schutz des Kunden durch die nationalen Regulierungsbehörden

Die nationalen Regulierungsbehörden nehmen gemäß Art. 45 RL 2009/73/EG neben den oben beschriebenen Aufgaben und Befugnissen auch den Schutz des Endkunden wahr. Dabei wird vor allem der Grad der Transparenz nach Art. 41 I lit. i RL 2009/73/EG überwacht und gewährleistet.. Gemäß Art. 41 I lit. j RL 2009/73/EG überprüft die nationale Regulierungsbehörde zudem die Preise für die Haushaltskunden. Darunter fallen Vorauszahlungssysteme, Versorgerwechselraten und die Gebühren für Wartungsdienste. Die Regulierungsbehörde nimmt auch die Beschwerden von Haushaltskunden auf, stellt weiterhin relevante Informationen bereit und bringt einschlägige Fälle von Wettbewerbsverzerrungen und -beschränkungen vor die zuständigen Wettbewerbsbehörden. Gemäß Art. 41 I lit. o RL 2009/73/EG trägt sie zusammen mit anderen Behörden dazu bei, dass die Maßnahmen des Verbraucherschutzes durchgesetzt werden. Diese wurden in Anhang I der RL 2009/73/EG festgelegt.

---

[62] *Menzel* / Pierlings / Hoffmann, S. 686.

II. Die Bekämpfung von Energiearmut

Die Europäische Union hat erkannt, dass Energiearmut zu einem wachsenden Problem innerhalb der Union wird. Energiearmut bezeichnet den erschwerten Zugang zu adäquater und bezahlbarer Energie.[63] Das Bundeverfassungsgericht hat die Sicherstellung der Energieversorgung, bereits im Jahr 1968 in der „Mühlengesetzentscheidung"[64] als „Gemeinschaftsinteresse höchsten Ranges" bezeichnet. Die sichergestellte Energieversorgung ist dabei für jeden Bürger zur Sicherung seiner Existenz unumgänglich und stellt eine wichtige Voraussetzung für die Funktionstüchtigkeit der gesamten Wirtschaft dar.[65] Da dies jedoch nicht in allen Staaten der Union anerkannt ist oder nicht ausreichend gewährleistet werden kann, wurde im Abs. 50 der Gründe zu RL 2009/73/EG festgestellt, dass die Mitgliedsstaaten im Falle von Energiearmut nationale Aktionspläne erlassen müssen, um somit eine ausreichende Energieversorgung für schutzbedürftige Kunden gewährleisten zu können. Energiearmut liegt dabei vor, wenn der betreffende Haushalt nicht mehr in der Lage ist aus technischen, finanziellen oder sonstigen Gründen den Wohnraum auf eine adäquate und angenehme Temperatur zu erwärmen.[66] Bereits vor der Umsetzungsfrist der Richtlinie hat Frankreich einen solchen Aktionsplan beschlossen, in dem gegen Energiearmut auf Grund von geringem Einkommen, schlechter thermischer Qualität der Wohnungen und Schwierigkeiten bei der Bezahlung der Energierechnung in zwei Millionen Haushalten in Frankreich vorgegangen werden soll.[67]

III. Schutz des Kunden beim Lieferantenwechsel

Jeder an das Gasnetz angeschlossene Kunde hat gemäß Art. 3 V RL 2009/73/EG die Möglichkeit sich von einem beliebigen Lieferanten mit Erdgas versorgen zu lassen, wenn dieser dem Kundenwunsch zustimmt, der Lieferant in einem Mitgliedsstaat ordnungsgemäß registriert ist und er die Regeln im Bereich Handel und Ausgleich einhält.

---

[63] *Schultz,* S. 75.
[64] BVerfGE 25, 1, 16.
[65] *Pielow* in: Krautscheid, S. 145.
[66] *Healy,* S. 106.
[67] *Vaille,* Französische Botschaft in Berlin, Abteilung für Wissenschaft und Technologie in Berlin, Onlineausgabe.

J. Berichterstattung der Kommission gegenüber dem Europäischen Parlament und dem Rat

Die Kommission ist gemäß Art. 52 RL 2009/73/EG verpflichtet dem Europäischen Parlament und dem Rat jährlich einen Gesamtfortschrittsbericht über den Anwendungsgrad der Richtlinie 2009/73/EG vorzulegen. Dabei muss die Kommission gemäß Art. 52 I lit. d RL 2009/73/EG die Fragen untersuchen, die im Zusammenhang mit der Kapazität des Erdgasnetzes und der Sicherheit der Versorgung mit Erdgas in der Union stehen. Dabei muss sie besonders auf die Zusammenhänge zwischen realer und zu erwartender Angebots- und Bedarfssituation sowie auf den Ausbau von Speicheranlagen achten. Sie hat dabei gemäß Art. 52 I lit. e RL 2009/73/EG eine besondere Aufmerksamkeit auf die Maßnahmen der Mitgliedsstaaten zur Bedienung von Nachfragespitzen und zur Bewältigung von Ausfällen eines oder mehrerer Versorger zu richten. Weiterhin soll sie nach Art. 52 I lit. f RL 2009/73/EG Fortschritte bei bilateralen Beziehungen zu Drittstaaten, die Erdgas gewinnen, exportieren oder transportieren, bewerten. Zudem hat die Kommission nach Art. 52 RL 2009/73/EG die Möglichkeit in Zusammenarbeit mit dem Verbund der Fernleitungsnetzbetreiber (ENTSO Gas) einen einzigen europäischen Fernleitungsnetzbetreiber zu schaffen.

K. Vorrangegangene Gasbinnenmarktrichtlinien der Jahre 1998 und 2003

Um den Umfang der Regelungen in der Richtlinie 2009/73/EG zur Versorgungssicherheit richtig beurteilen zu können, muss eine kurze Ergebnisanalyse über die Gasbinnenmarktrichtlinien aus dem Jahr 1998 und 2003 erfolgen. Die Liberalisierung des europäischen Gasmarktes begann nach über sechsjährigen Verhandlungen mit Verabschiedung der Richtlinie 98/30/EG vom 21.07.1998. Die Richtlinie schrieb den Mitgliedsstaaten als grundlegende Prinzipien Transparenz und Nichtdiskriminierung vor, ließ ihnen aber die freie Wahl, wie sie diese umsetzen wollten.[68] Dabei konnten die Mitgliedsstaaten zwischen dem System des verhandelten Netzzugangs gemäß Art. 15 RL 98/30/EG sowie dem geregelten Netzzugang nach Art. 16 RL 98/30/EG wählen.[69] Die Marktöffnung sollte dabei schrittweise über

---

[68] *Diermann*, S. 14.
[69] *Lippert*, S. 509.

eine Quoten- und Zeitregelung erfolgen.[70] Eine einzurichtende Organisationsstruktur wurde, wohl auch in Hinblick auf die verschiedenen Ausgangsniveaus der Mitgliedsstaaten, nicht vorgeschrieben.[71] Durch die Prinzipien der Transparenz und Nichtdiskriminierung sollte es dem Kunden ermöglicht werden den Gaslieferanten frei zu wählen. Eine tatsächliche Marköffnung wurde jedoch nicht erreicht, da unter anderem eine unzureichende Transparenz der nationalen Netzzugangsregeln sowie unzureichende und intransparente Speicherzugangsregelungen vorlagen und die nationalen Ferngasgesellschaften nach wie vor eine dominierende Markmacht ausübten.[72] Daher wurde die zweite Gasbinnenmarktrichtlinie RL 2003/55/EG am 15.07.2003 erlassen. Neben einer Beschleunigung der Marktöffnung, der Einführung eines geregelten Netzzuganges und weiterreichender Entflechtungsvorschriften, wurden die Mitgliedsstaaten nun aus Gründen der Versorgungssicherheit gem. Art. 25 RL 2003/55/EG verpflichtet eine Regulierungsbehörde zu schaffen. Die nationale Regulierungsbehörde hat dabei die Aufgabe einen echten Wettbewerb sicherzustellen, die Nichtdiskriminierung zu gewährleisten und die dazu notwendigen Beobachtungen durchzuführen.[73]

L. Fazit

Mit den ersten zwei Richtlinien zum Erdgasbinnenmarkt versuchte die Gemeinschaft die Markverhältnisse anzugleichen. Dies sollte neben einer Vielzahl von Zielen auch zu einem erhöhten Maß zur Versorgungssicherheit führen. Dabei versuchte die Gemeinschaft den Mitgliedsstaaten, entsprechend ihrer nationalen Gegebenheiten, möglichst große Umsetzungsspielräume zu gewähren.[74] Daher wurde die Öffnung des Marktes nicht in gewünschtem Maße umgesetzt. Die Sicherung der Versorgung blieb auch daher eine einzelstaatliche Angelegenheit. Doch spätestens seit dem Gasstreit zwischen der Russischen Föderation und der Ukraine wurde den Verantwortlichen aller Mitgliedsstaaten klar, dass ein einzelstaatliches Handeln nur in einem gesamteuropäischen Rahmen erfolgreich sein kann. Mit der Schaffung der europäischen Agentur für die Zusammenarbeit der Regulierungsbehörden (ACER) ist es gelungen ein

---

[70] *Münch*, S. 133.
[71] *Klag*, S. 281.
[72] *Däuper / Lokau* in: Zenke / Schäfer, S. 45, Rn. 16.
[73] *Diermann*, S. 17.
[74] *Salje* in: Baur, S. 39.

europäisches Regulierungsinstrument zu schaffen, dass die grenzüberschreitende Arbeit der Regulierungsbehörden koordinieren und lenken soll. Zudem wurden Instrumentarien entwickelt um nationale Regulierungsbehörden in ihrer Tätigkeit zu überwachen und sie in einem Verdachtsfall von der Kommission überprüfen zu lassen. Dadurch kann ein protektionistisch-einzelstaatliches Handeln erkannt und verhindert werden. Zudem wurden die Rechte des Kunden umfassend geregelt. Die Europäische Union hat erkannt, dass der Bürger als schwächstes Glied in der Kette der Abnehmer eine sichere Energieversorgung benötigt.

Die Richtlinie 2009/73/EG beinhaltet jedoch ebenfalls eine Reihe nicht unumstrittener Regelungen. So ist die Ausschreibung von Investitionen oder gar die Pflicht zur Kapitalaufstockung für den Fernleitungsnetzbetreiber ein nicht unerheblicher Eingriff, der nur unter nach einem klaren Verfahren und als ultima ratio rechtmäßig sein kann. Ob ein solch zentralistisch gesteuertes Instrument, welches in nicht unerheblicher Weise in den Markt eingreift, den gewünschten Erfolg der Versorgungssicherheit herbeiführen kann ist zu bezweifeln. Ähnlich kritisch kann die Zertifizierung in Bezug auf Dritte gesehen werden. Dabei enttäuscht vor allem die protektionistische Marktabschottung gegenüber Drittstaaten. Die Grundprinzipien der Gemeinsamen Handelspolitik und die Erwartungen der Union an das auswärtige Handeln anderer Staaten wiederspricht hier den in der Richtlinie getroffenen Maßnahmen. Dies mag rechtliche gesehen keine Folgen haben, da die Europäische Union völkerrechtlich nicht zur Öffnung des Marktes verpflichtet ist, jedoch kann es durchaus zu politischen Missstimmungen führen, wenn einige Marktteilnehmer nicht zertifiziert werden.

Insgesamt ist festzustellen, dass das 3. Legislativpaket eine große Menge an Veränderungen mit sich bringt. Vom Aspekt der Versorgungssicherheit her gesehen wurden wichtige Regelungen in der Richtlinie festgelegt. Einige Instrumente lassen jedoch einen sehr starken zentralistischen Trend erkennen, der den Mitgliedsstaat Entscheidungs- und Handlungskompetenzen entzieht. Dieser Trend könnte sich auch weiterhin fortsetzen, da es bereits am heutigen Tage Stimmen gibt, die ein weiteres Binnenmarktpaket, mit einer Verschärfung der Entflechtungsregeln und einer Kompetenzerweiterung für die gerade geschaffene Agentur (ACER) fordern.[75]

---

[75] *Dröge / Geden / Westphal,* SWP-Aktuell, 2009, Nr. 59, 5 [8].

Richtlinie 2009/73/EG des Europäischen Parlaments und des Rates vom 13. Juli 2009

über gemeinsame Vorschriften für den Erdgasbinnenmarkt und zur Aufhebung der Richtlinie 2003/55/EG

DAS EUROPÄISCHE PARLAMENT UND DER RAT DER EUROPÄISCHEN UNION —

gestützt auf den Vertrag zur Gründung der Europäischen Gemeinschaft, insbesondere auf Artikel 47 Absatz 2 und die Artikel 55 und 95,

auf Vorschlag der Kommission,

nach Stellungnahme des Europäischen Wirtschafts- und Sozialausschusses [1],

nach Stellungnahme des Ausschusses der Regionen [2],

gemäß dem Verfahren des Artikels 251 des Vertrags [3],

in Erwägung nachstehender Gründe:

(1) Der Erdgasbinnenmarkt, der seit 1999 in der Gemeinschaft schrittweise geschaffen wird, soll allen privaten und gewerblichen Verbrauchern in der Europäischen Union eine echte Wahl ermöglichen, neue Geschäftschancen für die Unternehmen eröffnen sowie den grenzüberschreitenden Handel fördern und auf diese Weise Effizienzgewinne, wettbewerbsfähige Preise und höhere Dienstleistungsstandards bewirken und zu mehr Versorgungssicherheit und Nachhaltigkeit beitragen.

(2) Die Richtlinie 2003/55/EG des Europäischen Parlaments und des Rates vom 26. Juni 2003 über gemeinsame Vorschriften für den Erdgasbinnenmarkt [4] war ein wichtiger Beitrag zur Schaffung des Erdgasbinnenmarktes.

(3) Die Freiheiten, die der Vertrag den Bürgern der Union garantiert unter anderem der freie Warenverkehr, die Niederlassungsfreiheit und der freie Dienstleistungsverkehr, sind nur in einem vollständig geöffneten Markt erreichbar, der allen Verbrauchern die freie Wahl ihrer Lieferanten und allen Anbietern die freie Belieferung ihrer Kunden gestattet.

(4) Derzeit gibt es jedoch Hindernisse für den Verkauf von Erdgas in der Gemeinschaft zu gleichen Bedingungen und ohne Diskriminierung oder Benachteiligung. Insbesondere gibt es noch nicht in allen Mitgliedstaaten einen nichtdiskriminierenden Netzzugang und eine gleichermaßen wirksame Regulierungsaufsicht.

(5) In der Mitteilung der Kommission vom 10. Januar 2007 mit dem Titel "Eine Energiepolitik für Europa" wurde dargelegt, wie wichtig es ist, den Erdgasbinnenmarkt zu vollenden und für alle in der Gemeinschaft niedergelassenen Erdgasunternehmen gleiche Bedingungen zu schaffen. Die Mitteilungen der Kommission vom 10. Januar 2007 mit den Titeln "Aussichten für den Erdgas- und den Elektrizitätsbinnenmarkt" und "Untersuchung der europäischen Gas- und Elektrizitätssektoren gemäß Artikel 17 der Verordnung (EG) Nr. 1/2003 (Abschlussbericht)" haben deutlich gemacht, dass der durch die derzeit bestehenden

Vorschriften und Maßnahmen vorgegebene Rahmen nicht ausreicht, um das Ziel eines gut funktionierenden Binnenmarktes zu verwirklichen.

(6) Ohne eine wirksame Trennung des Netzbetriebs von der Gewinnung und Versorgung ("wirksame Entflechtung") besteht die Gefahr einer Diskriminierung nicht nur in der Ausübung des Netzgeschäfts, sondern auch in Bezug auf die Schaffung von Anreizen für vertikal integrierte Unternehmen, ausreichend in ihre Netze zu investieren.

(7) Die Vorschriften für eine rechtliche und funktionale Entflechtung gemäß der Richtlinie 2003/55/EG haben jedoch nicht zu einer tatsächlichen Entflechtung der Fernleitungsnetzbetreiber geführt. Daher hat der Europäische Rat die Kommission auf seiner Tagung vom 8. und 9. März 2007 aufgefordert, Legislativvorschläge für die "wirksame Trennung der Versorgung und Erzeugung vom Betrieb der Netze" auszuarbeiten.

(8) Nur durch die Beseitigung der für vertikal integrierte Unternehmen bestehenden Anreize, Wettbewerber in Bezug auf den Netzzugang und auf Investitionen zu diskriminieren, kann eine wirksame Entflechtung gewährleistet werden. Eine eigentumsrechtliche Entflechtung, die darin besteht, dass der Netzeigentümer als Netzbetreiber benannt wird und von Versorgungs- und Erzeugungsinteressen unabhängig ist, ist zweifellos ein einfacher und stabiler Weg, um den inhärenten Interessenkonflikt zu lösen und die Versorgungssicherheit zu gewährleisten. Daher bezeichnete auch das Europäische Parlament in seiner Entschließung vom 10. Juli 2007 zu den Aussichten für den Erdgas- und den Elektrizitätsbinnenmarkt [5] eine eigentumsrechtliche Entflechtung der Übertragungs- und Fernleitungsnetze als das wirksamste Instrument, um nichtdiskriminierend Investitionen in die Infrastrukturen, einen fairen Netzzugang für neue Anbieter und die Transparenz des Marktes zu fördern. Im Rahmen der eigentumsrechtlichen Entflechtung sollten die Mitgliedstaaten daher dazu verpflichtet werden, zu gewährleisten, dass nicht ein und dieselbe(n) Person(en) die Kontrolle über ein Erzeugungs- bzw. Gewinnungs- oder Versorgungsunternehmen ausüben kann (können) und gleichzeitig die Kontrolle über oder Rechte an einem Fernleitungsnetzbetreiber oder einem Fernleitungsnetz ausübt (ausüben). Umgekehrt sollte die Kontrolle über ein Fernleitungsnetz oder einen Fernleitungsnetzbetreiber die Möglichkeit ausschließen, die Kontrolle über ein Gewinnungs- oder Versorgungsunternehmen oder Rechte an einem Gewinnungs- oder Versorgungsunternehmen auszuüben. Im Rahmen dieser Beschränkungen sollte ein Gewinnungs- oder Versorgungsunternehmen einen Minderheitsanteil an einem Fernleitungsnetzbetreiber oder Fernleitungsnetz halten dürfen.

(9) Jedes Entflechtungssystem sollte die Interessenkonflikte zwischen Erzeugern, Lieferanten und Fernleitungsnetzbetreibern wirksam lösen, um Anreize für die notwendigen Investitionen zu schaffen und den Zugang von Markteinsteigern durch einen transparenten und wirksamen Rechtsrahmen zu gewährleisten, und den nationalen Regulierungsbehörden keine zu schwerfälligen Regulierungsvorschriften auferlegen.

(10) Die Definition des Begriffs "Kontrolle" wurde aus der Verordnung (EG) Nr. 139/2004 des Rates vom 20. Januar 2004 über die Kontrolle von Unternehmenszusammenschlüssen ("EG-Fusionskontrollverordnung") [6] übernommen.

(11) Da die eigentumsrechtliche Entflechtung in einigen Fällen die Umstrukturierung von Unternehmen voraussetzt, sollte den Mitgliedstaaten, die sich für eine eigentumsrechtliche Entflechtung entscheiden, für die Umsetzung dieser Bestimmungen der Richtlinie mehr Zeit eingeräumt werden. Wegen der vertikalen Verbindungen zwischen dem Elektrizitätssektor und dem Erdgassektor sollten die Entflechtungsvorschriften für beide Sektoren gelten.

(12) Im Rahmen der eigentumsrechtlichen Entflechtung sollte, um die vollständige Unabhängigkeit des Netzbetriebs von Versorgungs- und Gewinnungsinteressen zu gewährleisten und den Austausch vertraulicher Informationen zu verhindern, ein und dieselbe Person nicht gleichzeitig Mitglied des Leitungsgremiums eines Fernleitungsnetzbetreibers oder eines Fernleitungsnetzes und eines Unternehmens sein, das eine der beiden Funktionen der Gewinnung oder der Versorgung wahrnimmt. Aus demselben Grund sollte es nicht gestattet sein, dass ein und dieselbe Person Mitglieder des Leitungsgremiums eines Fernleitungsnetzbetreibers oder eines Fernleitungsnetzes bestellt und die Kontrolle über ein Gewinnungs- oder Versorgungsunternehmen oder Rechte daran ausübt.

(13) Die Einrichtung eines Netzbetreibers (ISO) oder eines Fernleitungsnetzbetreibers (ITO), der unabhängig von Versorgungs- und Gewinnungsinteressen ist, sollte es vertikal integrierten Unternehmen ermöglichen, Eigentümer der Vermögenswerte des Netzes zu bleiben und gleichzeitig eine wirksame Trennung der Interessen sicherzustellen, sofern der unabhängige Netzbetreiber oder der unabhängige Fernleitungsnetzbetreiber sämtliche Funktionen eines Netzbetreibers wahrnimmt und sofern eine detaillierte Regulierung und umfassende Regulierungskontrollmechanismen gewährleistet sind.

(14) Ist das Unternehmen, das Eigentümer eines Fernleitungsnetzes ist, am 3. September 2009 Teil eines vertikal integrierten Unternehmens, sollten die Mitgliedstaaten daher die Möglichkeit haben, zwischen einer eigentumsrechtlichen Entflechtung und der Einrichtung eines Netzbetreibers- oder eines Fernleitungsnetzbetreibern, der unabhängig von Versorgungs- und Gewinnungsinteressen ist, zu wählen.

(15) Damit die Interessen der Anteilseigner von vertikal integrierten Unternehmen in vollem Umfang gewahrt bleiben, sollten die Mitgliedstaaten wählen können zwischen einer eigentumsrechtlichen Entflechtung durch direkte Veräußerung und einer eigentumsrechtlichen Entflechtung durch Aufteilung der Anteile des integrierten Unternehmens in Anteile des Netzunternehmens und Anteile des verbleibenden Gasversorgungs- und Gasgewinnungsunternehmens, sofern die sich aus der eigentumsrechtlichen Entflechtung ergebenden Anforderungen erfüllt werden.

(16) Dabei sollte die Effektivität der Lösung in Form des unabhängigen Netzbetreibers oder des unabhängigen Fernleitungsnetzbetreibers durch besondere zusätzliche Vorschriften sichergestellt werden. Die Vorschriften für den unabhängigen Fernleitungsnetzbetreiber bieten einen geeigneten Regelungsrahmen, der für einen gerechten Wettbewerb, hinreichende Investitionen, den Zugang neuer Marktteilnehmer und die Integration der Erdgasmärkte sorgt. Eine wirksame Entflechtung mittels der Vorschriften für die unabhängigen Fernleitungsnetzbetreiber sollte sich auf den Pfeiler der Maßnahmen zur Organisation und Verwaltung der Fernleitungsnetzbetreiber und den Pfeiler der Maßnahmen im Bereich der Investitionen, des Netzanschlusses zusätzlicher Erzeugungskapazitäten und der Integration der Märkte durch regionale Zusammenarbeit stützen. Die Unabhängigkeit des Fernleitungsnetzbetreibers sollte unter anderem auch durch bestimmte "Karenzzeiten" sichergestellt werden, in denen in dem vertikal integrierten Unternehmen keine Leitungsfunktion ausgeübt wird oder keine sonstige wichtige Funktion wahrgenommen wird, die Zugang zu den gleichen Informationen wie eine leitende Position eröffnen. Das Modell der tatsächlichen Entflechtung unabhängiger Fernleitungsnetzbetreiber entspricht den Vorgaben, die der Europäische Rat auf seiner Tagung vom 8. und 9. März 2007 festgelegt hat.

(17) Damit mehr Wettbewerb auf dem Erdgasbinnenmarkt entsteht, sollten große Nichthaushaltskunden ihre Gasversorger wählen und sich zur Deckung ihres Gasbedarfs von

mehreren Gasversorgern beliefern lassen können. Die Kunden sollten vor vertraglichen Exklusivitätsklauseln geschützt werden, die bewirken, dass Angebote von Mitbewerbern oder ergänzende Angebote ausgeschlossen werden.

(18) Ein Mitgliedstaat hat das Recht, sich für eine vollständige eigentumsrechtliche Entflechtung in seinem Hoheitsgebiet zu entscheiden. Hat ein Mitgliedstaat dieses Recht ausgeübt, so ist ein Unternehmen nicht berechtigt, einen unabhängigen Netzbetreibers oder einen unabhängigen Fernleitungsnetzbetreibers zu errichten. Außerdem sollte es einem Unternehmen, das eine der Funktionen der Gewinnung oder der Versorgung wahrnimmt, nicht gestattet sein, direkt oder indirekt die Kontrolle über einen Fernleitungsnetzbetreiber aus einem Mitgliedstaat, der sich für die vollständige eigentumsrechtliche Entflechtung entschieden hat, oder Rechte an einem solchen Fernleitungsnetzbetreiber auszuüben.

(19) Gemäß der vorliegenden Richtlinie gibt es verschiedene Arten der Marktorganisation für den Erdgasbinnenmarkt. Die Maßnahmen, die die Mitgliedstaaten gemäß dieser Richtlinie treffen könnten, um gleiche Ausgangsbedingungen zu gewährleisten, sollten auf zwingenden Gründen des Allgemeininteresses beruhen. Die Kommission sollte zur Frage der Vereinbarkeit der Maßnahmen mit dem Vertrag und dem Gemeinschaftsrecht gehört werden.

(20) Bei der Entflechtung sollte dem Grundsatz der Nichtdiskriminierung zwischen öffentlichem und privatem Sektor Rechnung getragen werden. Daher sollte nicht ein und dieselbe Person die Möglichkeit haben, allein oder zusammen mit anderen Personen unter Verletzung der Regeln der eigentumsrechtlichen Entflechtung oder der Lösung des unabhängigen Netzbetreibers die Kontrolle oder Rechte in Bezug auf die Zusammensetzung, das Abstimmungsverhalten oder die Beschlussfassung der Organe sowohl der Fernleitungsnetzbetreiber oder Fernleitungsnetze als auch der Gewinnungs- oder Versorgungsunternehmen auszuüben. Hinsichtlich der eigentumsrechtlichen Entflechtung und der Unabhängigkeit des Netzbetreibers sollte es, sofern der betreffende Mitgliedstaat nachweisen kann, dass diese Anforderung erfüllt ist, zulässig sein, dass zwei voneinander getrennte öffentliche Einrichtungen die Kontrolle über die Gewinnungs- und Versorgungsaktivitäten einerseits und die Fernleitungsaktivitäten andererseits ausüben.

(21) Der Grundsatz der tatsächlichen Trennung der Netzaktivitäten von den Versorgungs- und Gewinnungsaktivitäten sollte in der gesamten Gemeinschaft sowohl für Gemeinschaftsunternehmen als auch für Nichtgemeinschaftsunternehmen gelten. Um sicherzustellen, dass die Netzaktivitäten und die Versorgungs- und Gewinnungsaktivitäten in der gesamten Gemeinschaft unabhängig voneinander sind, sollten die Regulierungsbehörden die Befugnis erhalten, Fernleitungsnetzbetreibern, die die Entflechtungsvorschriften nicht erfüllen, die Zertifizierung zu verweigern. Um eine kohärente, gemeinschaftsweite Anwendung der Entflechtungsvorschriften sicherzustellen, sollten die Regulierungsbehörden bei Entscheidungen über die Zertifizierung der Stellungnahme der Kommission so weit wie möglich Rechnung tragen. Um ferner die Einhaltung der internationalen Verpflichtungen der Gemeinschaft sowie die Solidarität und Energieversorgungssicherheit in der Gemeinschaft zu gewährleisten, sollte die Kommission die Befugnis haben, eine Stellungnahme zur Zertifizierung in Bezug auf einen Fernleitungsnetzeigentümer oder -betreiber, der von einer oder mehreren Personen aus einem oder mehreren Drittländern kontrolliert wird, abzugeben.

(22) Die Sicherheit der Energieversorgung ist ein Kernelement der öffentlichen Sicherheit und daher bereits von Natur aus direkt verbunden mit dem effizienten Funktionieren des Erdgasbinnenmarktes und der Integration der isolierten Gasmärkte der Mitgliedstaaten. Die Versorgung der Bürger der Union mit Erdgas kann nur über Netze erfolgen. Funktionsfähige

4

offene Erdgasmärkte und im Besonderen die Netze und andere mit der Erdgasversorgung verbundene Anlagen sind von wesentlicher Bedeutung für die öffentliche Sicherheit, die Wettbewerbsfähigkeit der Wirtschaft und das Wohl der Bürger der Union. Personen aus Drittländern sollte es daher nur dann gestattet sein, die Kontrolle über ein Fernleitungsnetz oder einen Fernleitungsnetzbetreiber auszuüben, wenn sie die innerhalb der Gemeinschaft geltenden Anforderungen einer tatsächlichen Trennung erfüllen. Unbeschadet der internationalen Verpflichtungen der Gemeinschaft ist die Gemeinschaft der Ansicht, dass der Erdgas-Fernleitungsnetzsektor für die Gemeinschaft von großer Bedeutung ist und daher zusätzliche Schutzmaßnahmen hinsichtlich der Aufrechterhaltung der Energieversorgungssicherheit in der Gemeinschaft erforderlich sind, um eine Bedrohung der öffentlichen Ordnung und der öffentlichen Sicherheit in der Gemeinschaft und des Wohlergehens der Bürger der Union zu vermeiden. Die Energieversorgungssicherheit in der Gemeinschaft erfordert insbesondere eine Bewertung der Unabhängigkeit des Netzbetriebs, des Grades der Abhängigkeit der Gemeinschaft und einzelner Mitgliedstaaten von Energielieferungen aus Drittländern und der Frage, wie inländischer und ausländischer Energiehandel sowie inländische und ausländische Energieinvestitionen in einem bestimmten Drittland behandelt werden. Die Versorgungssicherheit sollte daher unter Berücksichtigung der besonderen Umstände jedes Einzelfalls sowie der aus dem Völkerrecht — insbesondere aus den internationalen Abkommen zwischen der Gemeinschaft und dem betreffenden Drittland — erwachsenden Rechte und Pflichte bewertet werden. Soweit angezeigt, wird die Kommission aufgefordert, Empfehlungen zur Aushandlung einschlägiger Abkommen mit Drittländern vorzulegen, in denen die Sicherheit der Energieversorgung der Gemeinschaft behandelt wird, oder zur Aufnahme der erforderlichen Aspekte in andere Verhandlungen mit diesen Drittländern.

(23) Es sollten weitere Maßnahmen ergriffen werden, um sicherzustellen, dass die Tarife für den Zugang zu Fernleitungen transparent und nichtdiskriminierend sind. Diese Tarife sollten auf alle Benutzer in nichtdiskriminierender Weise angewandt werden. Werden Speicheranlagen, Netzpufferung oder Hilfsdienste in einem bestimmten Gebiet auf einem ausreichend wettbewerbsoffenen Markt betrieben, so könnte der Zugang nach transparenten, nichtdiskriminierenden und marktorientierten Verfahren zugelassen werden.

(24) Es ist erforderlich, die Unabhängigkeit der Speicheranlagenbetreiber zu gewährleisten, damit der Zugang Dritter zu Speicheranlagen verbessert wird, die technisch und/oder wirtschaftlich notwendig sind, um einen effizienten Zugang zum System für die Versorgung der Verbraucher zu ermöglichen. Daher ist es zweckdienlich, dass Speicheranlagen von eigenständigen Rechtspersonen betrieben werden, die tatsächliche Entscheidungsbefugnisse in Bezug auf die für Betrieb, Wartung und Ausbau der Speicheranlagen notwendigen Vermögenswerte besitzen. Auch ist es erforderlich, die Transparenz in Bezug auf die Dritten angebotenen Speicherkapazitäten zu verbessern, indem die Mitgliedstaaten verpflichtet werden, einen nichtdiskriminierenden, klaren Rahmen zu definieren und zu veröffentlichen, der ein geeignetes Regulierungssystem für Speicheranlagen festlegt. Diese Verpflichtung sollte keine neue Entscheidung über Zugangsregelungen erforderlich machen, sondern die Transparenz der Zugangsregelungen für Speicheranlagen verbessern. Bestimmungen über die Vertraulichkeit wirtschaftlich sensibler Informationen sind besonders wichtig, wenn strategische Daten betroffen sind oder wenn eine Speicheranlage nur einen einzigen Nutzer hat.

(25) Ein nichtdiskriminierender Zugang zum Verteilernetz ist Voraussetzung für den nachgelagerten Zugang zu den Endkunden. In Bezug auf den Netzzugang Dritter und Investitionen stellt sich die Diskriminierungsproblematik dagegen weniger auf der Ebene der

Verteilung als vielmehr auf der Ebene der Fernleitung, wo Engpässe und der Einfluss von Gewinnungsinteressen im Allgemeinen ausgeprägter sind als auf der Verteilerebene. Überdies wurde die rechtliche und funktionale Entflechtung der Verteilernetzbetreiber gemäß der Richtlinie 2003/55/EG erst am 1. Juli 2007 verpflichtend und ihre Auswirkungen auf den Gasbinnenmarkt müssen erst noch bewertet werden. Die geltenden Vorschriften für die rechtliche und funktionale Entflechtung können zu einer wirksamen Entflechtung führen, wenn sie klarer formuliert, ordnungsgemäß umgesetzt und genauestens überwacht werden. Zur Schaffung gleicher Bedingungen auf der Ebene der Endkunden sollten die Aktivitäten der Verteilernetzbetreiber daher überwacht werden, um zu verhindern, dass diese ihre vertikale Integration dazu nutzen, ihre Wettbewerbsposition auf dem Markt, insbesondere bei Haushalts- und kleinen Nichthaushaltskunden, zu stärken.

(26) Die Mitgliedstaaten sollten konkrete Maßnahmen zur umfassenderen Nutzung von Biogas und Gas aus Biomasse ergreifen und deren Erzeugern gleichberechtigten Zugang zum Gasnetz gewährleisten, sofern ein solcher Zugang mit den geltenden technischen Vorschriften und Sicherheitsstandards dauerhaft vereinbar ist.

(27) Damit kleine Verteilernetzbetreiber finanziell und administrativ nicht unverhältnismäßig stark belastet werden, sollten die Mitgliedstaaten die Möglichkeit haben, die betroffenen Unternehmen erforderlichenfalls von den Vorschriften für die rechtliche Entflechtung der Verteilung auszunehmen.

(28) Wo im Interesse der optimalen Effizienz integrierter Energieversorgung ein geschlossenes Verteilernetz betrieben wird und besondere Betriebsnormen erforderlich sind oder ein geschlossenes Verteilernetz in erster Linie für die Zwecke des Netzeigentümers betrieben wird, sollte die Möglichkeit bestehen, den Verteilernetzbetreiber von Verpflichtungen zu befreien, die bei ihm — aufgrund der besonderen Art der Beziehung zwischen dem Verteilernetzbetreiber und den Netzbenutzern — einen unnötigen Verwaltungsaufwand verursachen würden. Bei Industrie- oder Gewerbegebieten oder Gebieten, in denen Leistungen gemeinsam genutzt werden, wie Bahnhofsgebäuden, Flughäfen, Krankenhäusern, großen Campingplätzen mit integrierten Anlagen oder Standorten der Chemieindustrie können aufgrund der besonderen Art der Betriebsabläufe geschlossene Verteilernetze bestehen.

(29) Die Richtlinie 2003/55/EG verpflichtet die Mitgliedstaaten zur Einrichtung von Regulierungsbehörden mit spezifischen Zuständigkeiten. Die Erfahrung zeigt allerdings, dass die Effektivität der Regulierung vielfach aufgrund mangelnder Unabhängigkeit der Regulierungsbehörden von der Regierung sowie unzureichender Befugnisse und Ermessensfreiheit eingeschränkt wird. Daher forderte der Europäische Rat die Kommission auf seiner Tagung vom 8. und 9. März 2007 auf, Legislativvorschläge auszuarbeiten, die eine weitere Harmonisierung der Befugnisse und eine Stärkung der Unabhängigkeit der nationalen Regulierungsstellen für den Energiebereich vorsehen. Diese nationalen Regulierungsbehörden sollten sowohl den Elektrizitäts- als auch den Gassektor abdecken können.

(30) Damit der Erdgasbinnenmarkt ordnungsgemäß funktionieren kann, müssen die Energieregulierungsbehörden Entscheidungen in allen relevanten Regulierungsangelegenheiten treffen können und völlig unabhängig von anderen öffentlichen oder privaten Interessen sein. Dies steht weder einer gerichtlichen Überprüfung, noch einer parlamentarischen Kontrolle nach dem Verfassungsrecht der Mitgliedstaaten entgegen. Außerdem sollte die Zustimmung des nationalen Gesetzgebers zum Haushaltsplan der Regulierungsbehörde die Haushaltsautonomie nicht beeinträchtigen. Die Bestimmungen

bezüglich der Autonomie bei der Ausführung des der Regulierungsbehörde zugewiesenen Haushalts sollten in den Rechtsrahmen der einzelstaatlichen Haushaltsvorschriften und -regeln aufgenommen werden. Die Bestimmungen über die Autonomie bei der Durchführung des der Regulierungsbehörde zugewiesenen Haushalts sollten in den Rechtsrahmen der einzelstaatlichen Haushaltsvorschriften und -regeln aufgenommen werden. Die Mitgliedstaaten tragen zur Unabhängigkeit der nationalen Regulierungsbehörde von jeglicher Einflussnahme aus Politik oder Wirtschaft durch ein geeignetes Rotationsverfahren bei, sollten aber die Möglichkeit haben, der Verfügbarkeit personeller Ressourcen und der Größe des Gremiums gebührend Rechnung zu tragen.

(31) Zur Sicherstellung eines effektiven Marktzugangs für alle Marktteilnehmer, einschließlich neuer Marktteilnehmer, bedarf es nichtdiskriminierender und kostenorientierter Ausgleichsmechanismen. Dies sollte durch den Aufbau transparenter Marktmechanismen für die Lieferung und den Bezug von Erdgas zur Deckung des Ausgleichsbedarfs realisiert werden. Die nationalen Regulierungsbehörden sollten aktiv darauf hinwirken, dass die Tarife für Ausgleichsleistungen nichtdiskriminierend und kostenorientiert sind. Gleichzeitig sollten geeignete Anreize gegeben werden, um die Einspeisung und Abnahme von Gas auszugleichen und das System nicht zu gefährden.

(32) Die nationalen Regulierungsbehörden sollten die Möglichkeit haben, die Tarife oder die Tarifberechnungsmethoden auf der Grundlage eines Vorschlags des Fernleitungsnetzbetreibers, des oder der Verteilernetzbetreiber oder des Betreibers einer Flüssiggas-(LNG)-Anlage oder auf der Grundlage eines zwischen diesen Betreibern und den Netzbenutzern abgestimmten Vorschlags festzusetzen oder zu genehmigen. Dabei sollten die nationalen Regulierungsbehörden sicherstellen, dass die Tarife für die Fernleitung und Verteilung nichtdiskriminierend und kostenorientiert sind und die langfristig durch Nachfragesteuerung vermiedenen Netzgrenzkosten berücksichtigen.

7

(33) Die Energieregulierungsbehörden sollten über die Befugnis verfügen, Entscheidungen zu erlassen, die für die Erdgasunternehmen bindend sind, und wirksame, verhältnismäßige und abschreckende Sanktionen gegen Gasunternehmen, die ihren Verpflichtungen nicht nachkommen, entweder selbst zu verhängen, oder einem zuständigen Gericht die Verhängung solcher Sanktionen gegen diese vorzuschlagen. Auch sollte den Energieregulierungsbehörden die Befugnis zuerkannt werden, unabhängig von der Anwendung der Wettbewerbsregeln über geeignete Maßnahmen zur Förderung eines wirksamen Wettbewerbs als Voraussetzung für einen ordnungsgemäß funktionierenden Erdgasbinnenmarkt zu entscheiden, um Vorteile für die Kunden herbeizuführen. Die Einrichtung von Programmen zur Freigabe von Gaskapazitäten ist eine der möglichen Maßnahmen zur Förderung eines wirksamen Wettbewerbs und zur Gewährleistung des ordnungsgemäßen Funktionierens des Marktes. Die Energieregulierungsbehörden sollten ferner über die Befugnis verfügen, dazu beizutragen, hohe Standards bei der Erfüllung gemeinwirtschaftlicher Verpflichtungen in Übereinstimmung mit den Erfordernissen der Marktöffnung, den Schutz benachteiligter Kunden und die volle Wirksamkeit der zum Schutz der Kunden ergriffenen Maßnahmen zu gewährleisten. Diese Vorschriften sollten weder die Befugnisse der Kommission bezüglich der Anwendung der Wettbewerbsregeln, einschließlich der Prüfung von Unternehmenszusammenschlüssen, die eine gemeinschaftliche Dimension aufweisen, noch die Binnenmarktregeln, etwa der Vorschriften zum freien Kapitalverkehr, berühren. Die unabhängige Stelle, bei der eine von einer Entscheidung einer nationalen Regulierungsbehörde betroffene Partei Rechtsbehelfe einlegen kann, kann ein Gericht oder eine andere gerichtliche Stelle sein, die ermächtigt ist, eine gerichtliche Überprüfung durchzuführen.

(34) Bei einer Harmonisierung der Befugnisse der nationalen Regulierungsbehörden sollte auch die Möglichkeit vorgesehen sein, Erdgasunternehmen Anreize zu bieten sowie wirksame, verhältnismäßige und abschreckende Sanktionen gegen sie zu verhängen oder einem zuständigen Gericht die Verhängung solcher Sanktionen vorzuschlagen. Darüber hinaus sollten die Regulierungsbehörden befugt sein, alle relevanten Daten von Erdgasunternehmen anzufordern, angemessene und ausreichende Untersuchungen vorzunehmen und Streitigkeiten zu schlichten.

(35) Investitionen in neue Großinfrastrukturen sollten stark gefördert werden, wobei es gleichzeitig das ordnungsgemäße Funktionieren des Erdgasbinnenmarktes sicherzustellen gilt. Zur Verstärkung der positiven Auswirkungen von Infrastrukturvorhaben, für die eine Ausnahme gilt, auf Wettbewerb und Versorgungssicherheit sollten in der Projektplanungsphase das Marktinteresse geprüft und Regeln für das Engpassmanagement festgelegt werden. Erstreckt sich eine Infrastruktur über das Gebiet mehr als eines Mitgliedstaats, so sollte die mit der Verordnung (EG) Nr. 713/2009 des Europäischen Parlaments und des Rates vom 13. Juli 2009 zur Gründung einer Agentur für die Zusammenarbeit der Energieregulierungsbehörden [7] errichtete Agentur für die Zusammenarbeit der Energieregulierungsbehörden ("Agentur") als letztes Mittel den Antrag auf Gewährung einer Ausnahme bearbeiten, damit den grenzübergreifenden Implikationen besser Rechnung getragen werden kann und die administrative Abwicklung erleichtert wird. Wegen des besonderen Risikoprofils solcher Großinfrastrukturvorhaben, für die eine Ausnahme gilt, sollte es möglich sein, Unternehmen, die Versorgungs- und Gewinnungsinteressen haben, vorübergehend für die betreffenden Vorhaben teilweise Ausnahmen von den Entflechtungsvorschriften zu gewähren. Die Möglichkeit einer vorübergehenden Ausnahme sollte, insbesondere aus Gründen der Versorgungssicherheit, für neue Rohrleitungen in der Gemeinschaft gelten, über die Gas aus Drittländern in die Gemeinschaft befördert wird. Die gemäß der Richtlinie 2003/55/EG gewährten Ausnahmen gelten bis zu dem Ablaufdatum weiter, das in der Entscheidung über die Gewährung einer Ausnahme festgelegt wurde.

(36) Dem Erdgasbinnenmarkt mangelt es an Liquidität und Transparenz, was eine effiziente Ressourcenallokation, Risikoabsicherung und neue Markteintritte behindert. Das Vertrauen in den Markt und in seine Liquidität und die Zahl der Marktteilnehmer müssen zunehmen, weshalb die Regulierungsaufsicht über Unternehmen, die in der Gasversorgung tätig sind, ausgebaut werden muss. Anforderungen dieser Art sollten die bestehenden Rechtsvorschriften der Gemeinschaft auf dem Gebiet der Finanzmärkte nicht berühren und sie sollten mit diesen vereinbar sein. Die Energieregulierungsbehörden und die Finanzmarktregulierungsbehörden müssen kooperieren, um einen Überblick über die betreffenden Märkte zu bekommen.

(37) Erdgas wird überwiegend und in zunehmendem Maße aus Drittstaaten in die Gemeinschaft importiert. Im Gemeinschaftsrecht sollte den Besonderheiten des Erdgasmarkts, beispielsweise bestimmten strukturellen Verkrustungen aufgrund der Konzentration der Versorger, langfristiger Lieferverträge oder der mangelnden Liquidität nachgelagerter Strukturen, Rechnung getragen werden. Deshalb ist mehr Transparenz erforderlich, und zwar auch bei der Preisbildung.

(38) Bevor die Kommission Leitlinien zur Präzisierung der Aufbewahrungsanforderungen erlässt, sollten die Agentur und der durch den Beschluss der Kommission 2009/77/EG [8] eingerichtete Ausschuss der europäischen Wertpapierregulierungsbehörden (CESR) den Inhalt der Leitlinien gemeinsam prüfen und die Kommission dazu beraten. Die Agentur und der Ausschuss der europäischen Wertpapierregulierungsbehörden sollten ferner

zusammenarbeiten, um weiter zu untersuchen, ob Transaktionen mit Gasversorgungsverträgen und Gasderivaten Gegenstand von vor- und/oder nachbörslichen Transparenzanforderungen sein sollten und, wenn ja, welchen Inhalt diese Anforderungen haben sollten, und um diesbezüglich beratend tätig zu sein.

(39) Die Mitgliedstaaten oder, sofern ein Mitgliedstaat dies vorsieht, die Regulierungsbehörde sollten die Ausarbeitung unterbrechbarer Lieferverträge fördern.

(40) Im Interesse der Versorgungssicherheit sollte das Gleichgewicht zwischen Angebot und Nachfrage in den einzelnen Mitgliedstaaten beobachtet und anschließend ein Gesamtbericht über die Versorgungssicherheit in der Gemeinschaft angefertigt werden, in dem die zwischen verschiedenen Gebieten bestehende Verbindungskapazität berücksichtigt wird. Die Beobachtung sollte so frühzeitig erfolgen, dass die geeigneten Maßnahmen getroffen werden können, wenn die Versorgungssicherheit gefährdet sein sollte. Der Aufbau und der Erhalt der erforderlichen Netzinfrastruktur einschließlich der Verbundmöglichkeiten sollten zu einer stabilen Erdgasversorgung beitragen.

(41) Die Mitgliedstaaten sollten unter Berücksichtigung der erforderlichen Qualitätsanforderungen sicherstellen, dass Biogas, Gas aus Biomasse und andere Gasarten einen nichtdiskriminierenden Zugang zum Gasnetz erhalten, vorausgesetzt, dieser Zugang ist dauerhaft mit den einschlägigen technischen Vorschriften und Sicherheitsnormen vereinbar. Diese Vorschriften und Normen sollten gewährleisten, dass es technisch machbar ist, diese Gase sicher in das Erdgasnetz einzuspeisen und durch dieses Netz zu transportieren, und sollten sich auch auf die chemischen Eigenschaften dieser Gase erstrecken.

(42) Ein großer Teil der Gasversorgung der Mitgliedstaaten wird nach wie vor durch langfristige Verträge gesichert werden, weshalb diese als Möglichkeit für die Gasversorgungsunternehmen erhalten bleiben sollten, sofern sie die Ziele dieser Richtlinie nicht unterlaufen und mit dem Vertrag, einschließlich der darin festgelegten Wettbewerbsregeln, vereinbar sind. Die langfristigen Verträge müssen deshalb bei der Planung der Versorgungs- und Transportkapazitäten von Erdgasunternehmen berücksichtigt werden.

(43) Damit gewährleistet ist, dass die Qualität gemeinwirtschaftlicher Leistungen in der Gemeinschaft weiterhin hohen Standards entspricht, sollten die Mitgliedstaaten die Kommission regelmäßig über alle zur Erreichung der Ziele dieser Richtlinie getroffenen Maßnahmen unterrichten. Die Kommission sollte regelmäßig einen Bericht veröffentlichen, in dem die Maßnahmen der Mitgliedstaaten zur Erreichung gemeinwirtschaftlicher Ziele untersucht und in ihrer Wirksamkeit verglichen werden, um Empfehlungen für Maßnahmen auszusprechen, die auf einzelstaatlicher Ebene zur Gewährleistung einer hohen Qualität der gemeinwirtschaftlichen Leistungen zu ergreifen sind. Die Mitgliedstaaten sollten gewährleisten, dass die Kunden, wenn sie an das Gasnetz angeschlossen werden, über ihr Recht auf Versorgung mit Erdgas einer bestimmten Qualität zu angemessenen Preisen unterrichtet werden. Die von den Mitgliedstaaten zum Schutz der Endkunden ergriffenen Maßnahmen können unterschiedlich ausfallen, je nachdem, ob sie für Haushaltskunden oder kleine und mittlere Unternehmen gedacht sind.

(44) Die Erfüllung gemeinwirtschaftlicher Verpflichtungen ist eine grundlegende Anforderung dieser Richtlinie, und es ist wichtig, dass in dieser Richtlinie von allen Mitgliedstaaten einzuhaltende gemeinsame Mindestnormen festgelegt werden, die den Zielen des Verbraucherschutzes, der Versorgungssicherheit, des Umweltschutzes und einer

gleichwertigen Wettbewerbsintensität in allen Mitgliedstaaten Rechnung tragen. Gemeinwirtschaftliche Verpflichtungen müssen unter Berücksichtigung der einzelstaatlichen Gegebenheiten aus nationaler Sicht ausgelegt werden können, wobei das Gemeinschaftsrecht einzuhalten ist.

(45) Die von den Mitgliedstaaten zur Erreichung der Ziele des sozialen und wirtschaftlichen Zusammenhalts ergriffenen Maßnahmen können insbesondere die Schaffung geeigneter wirtschaftlicher Anreize, gegebenenfalls unter Einsatz aller auf nationaler Ebene oder Gemeinschaftsebene vorhandenen Instrumente, umfassen. Zu diesen Instrumenten können auch Haftungsregelungen zur Absicherung der erforderlichen Investitionen zählen.

(46) Soweit die von den Mitgliedstaaten zur Erfüllung gemeinwirtschaftlicher Verpflichtungen getroffenen Maßnahmen staatliche Beihilfen nach Artikel 87 Absatz 1 des Vertrags darstellen, sind sie der Kommission gemäß Artikel 88 Absatz 3 des Vertrags mitzuteilen.

(47) Die gemeinwirtschaftlichen Verpflichtungen und die sich daraus ergebenden gemeinsamen Mindeststandards müssen weiter gestärkt werden, damit sichergestellt werden kann, dass die Vorteile des Wettbewerbs und gerechter Preise allen Verbrauchern, und insbesondere schutzbedürftigen Verbrauchern, zugute kommen. Die gemeinwirtschaftlichen Verpflichtungen sollten auf nationaler Ebene, unter Berücksichtigung der nationalen Bedingungen, festgelegt werden; das Gemeinschaftsrecht sollte jedoch von den Mitgliedstaaten beachtet werden. Die Bürger der Union und, soweit die Mitgliedstaaten dies für angezeigt halten, die Kleinunternehmen sollten sich gerade hinsichtlich der Versorgungssicherheit und der Angemessenheit der Tarifsätze darauf verlassen können, dass die gemeinwirtschaftlichen Verpflichtungen erfüllt werden. Ein zentraler Aspekt in der Versorgung der Verbraucher ist der Zugang zu objektiven und transparenten Verbrauchsdaten. Deshalb sollten die Verbraucher Zugang zu ihren Verbrauchsdaten und den damit verbundenen Preisen und Dienstleistungskosten haben, so dass sie die Wettbewerber auffordern können, ein Angebot auf der Grundlage dieser Daten zu unterbreiten. Auch sollten die Verbraucher Anspruch darauf haben, in angemessener Form über ihren Energieverbrauch informiert zu werden. Vorauszahlungen sollten sich nach dem wahrscheinlichen Erdgasverbrauch richten, und die unterschiedlichen Zahlungssysteme sollten nichtdiskriminierend sein. Sofern die Verbraucher ausreichend häufig über die Energiekosten informiert werden, schafft dies Anreize für Energieeinsparungen, da die Kunden auf diese Weise eine direkte Rückmeldung über die Auswirkungen der Investitionen in die Energieeffizienz und der Verhaltensänderungen erhalten.

(48) Im Mittelpunkt dieser Richtlinie sollten die Belange der Verbraucher stehen, und die Gewährleistung der Dienstleistungsqualität sollte zentraler Bestandteil der Aufgaben von Erdgasunternehmen sein. Die bestehenden Verbraucherrechte müssen gestärkt und abgesichert werden und sollten auch auf mehr Transparenz ausgerichtet sein. Durch den Verbraucherschutz sollte sichergestellt werden, dass allen Kunden im größeren Kontext der Gemeinschaft die Vorzüge eines Wettbewerbsmarktes zugute kommen. Die Rechte der Verbraucher sollten von den Mitgliedstaaten oder, sofern ein Mitgliedstaat dies vorgesehen hat, von den Regulierungsbehörden durchgesetzt werden.

(49) Die Verbraucher sollten klar und verständlich über ihre Rechte gegenüber dem Energiesektor informiert werden. Die Kommission sollte nach Absprache mit den relevanten Interessenträgern, einschließlich der Mitgliedstaaten, der nationalen Regulierungsbehörden, der Verbraucherorganisationen und der Erdgasunternehmen, eine verständliche,

benutzerfreundliche Checkliste für Energieverbraucher erstellen, die praktische Informationen für die Verbraucher über ihre Rechte enthält. Diese Checkliste für Energieverbraucher sollte allen Verbrauchern zur Verfügung gestellt und öffentlich zugänglich gemacht werden.

(50) Die Energiearmut wird in der Gemeinschaft zu einem immer größeren Problem. Mitgliedstaaten, die davon betroffen sind, sollten deshalb, falls dies noch nicht geschehen ist, nationale Aktionspläne oder einen anderen geeigneten Rahmen zur Bekämpfung der Energiearmut schaffen, die zum Ziel haben, die Zahl der darunter leidenden Menschen zu verringern. Die Mitgliedstaaten sollten in jedem Fall eine ausreichende Energieversorgung für schutzbedürftige Kunden gewährleisten. Dazu könnte auf ein umfassendes Gesamtkonzept, beispielsweise im Rahmen der Sozialpolitik, zurückgegriffen werden, und es könnten sozialpolitische Maßnahmen oder Maßnahmen zur Verbesserung der Energieeffizienz von Wohngebäuden getroffen werden. Zuallermindest sollte mit dieser Richtlinie die Möglichkeit dafür geschaffen werden, dass schutzbedürftige Kunden durch politische Maßnahmen auf nationaler Ebene begünstigt werden.

(51) Ein besserer Verbraucherschutz ist gewährleistet, wenn für alle Verbraucher ein Zugang zu wirksamen Streitbeilegungsverfahren besteht. Die Mitgliedstaaten sollten Verfahren zur schnellen und wirksamen Behandlung von Beschwerden einrichten.

(52) Die Einführung intelligenter Messsysteme sollte nach wirtschaftlichen Erwägungen erfolgen können. Führen diese Erwägungen zu dem Schluss, dass die Einführung solcher Messsysteme nur im Fall von Verbrauchern mit einem bestimmten Mindestverbrauch an Erdgas wirtschaftlich vernünftig und kostengünstig ist, sollten die Mitgliedstaaten die Möglichkeit haben, dies bei der Einführung intelligenter Messsysteme zu berücksichtigen.

(53) Mit den Marktpreisen sollten die richtigen Impulse für den Ausbau des Netzes gesetzt werden.

(54) Für die Mitgliedstaaten sollte es oberste Priorität haben, den fairen Wettbewerb und einen freien Marktzugang für die einzelnen Versorger zu fördern, damit die Verbraucher die Vorzüge eines liberalisierten Erdgasbinnenmarkts im vollen Umfang nutzen können.

(55) Zur Erhöhung der Versorgungssicherheit und im Geiste der Solidarität zwischen den Mitgliedstaaten, insbesondere im Fall einer Energieversorgungskrise, ist es wichtig, im Geiste der Solidarität einen Rahmen für eine regionale Kooperation zu schaffen. Bei dieser Kooperation kann, falls die Mitgliedstaaten dies beschließen, in allererster Linie auf marktbasierte Mechanismen zurückgegriffen werden. mit dem Ziel, die regionale und bilaterale Solidarität zu fördern. Durch die Kooperation mit dem Ziel, die regionale und bilaterale Solidarität zu fördern sollte den Marktteilnehmern kein unverhältnismäßig hoher Verwaltungsaufwand auferlegt werden, und sie sollten nicht diskriminiert werden.

(56) Zur Schaffung des Erdgasbinnenmarktes sollten die Mitgliedstaaten die Integration ihrer nationalen Märkte und die Zusammenarbeit der Netzbetreiber auf Gemeinschafts- und regionaler Ebene fördern, die auch die nach wie vor in der Gemeinschaft bestehenden, isolierte "Erdgasinseln" bildenden Netze umfasst.

(57) Eines der Hauptziele dieser Richtlinie sollte der Aufbau eines wirklichen Erdgasbinnenmarktes durch ein in der ganzen Gemeinschaft verbundenes Netz sein, und demnach sollten Regulierungsangelegenheiten, die grenzüberschreitende Verbindungsleitungen oder regionale Märkte betreffen, eine der Hauptaufgaben der

Regulierungsbehörden sein, die sie gegebenenfalls in enger Zusammenarbeit mit der zuständigen Agentur wahrnehmen.

(58) Auch die Sicherstellung gemeinsamer Regeln für einen wirklichen Binnenmarkt und eine umfassende Gasversorgung sollten zu den zentralen Zielen dieser Richtlinie gehören. Unverzerrte Marktpreise bieten in diesem Zusammenhang einen Anreiz für den Aufbau grenzüberschreitender Verbindungsleitungen, und sie werden langfristig konvergierende Preise bewirken.

(59) Die Regulierungsbehörden sollten dem Markt Informationen zur Verfügung stellen, auch um es der Kommission zu ermöglichen, ihre Funktion der Beobachtung und Überwachung des Gasbinnenmarktes und seiner kurz-, mittel- und langfristigen Entwicklung — einschließlich solcher Aspekte wie Angebot und Nachfrage, Fernleitungs- und Verteilungsinfrastrukturen, Dienstleistungsqualität, grenzüberschreitender Handel, Engpassmanagement, Investitionen, Großhandels- und Verbraucherpreise, Marktliquidität, ökologische Verbesserungen und Effizienzsteigerungen — wahrzunehmen. Die nationalen Regulierungsbehörden sollten den Wettbewerbsbehörden und der Kommission melden, in welchen Mitgliedstaaten die Preise den Wettbewerb und das ordnungsgemäße Funktionieren des Marktes beeinträchtigen.

(60) Da das Ziel dieser Richtlinie, nämlich die Schaffung eines voll funktionierenden Erdgasbinnenmarktes, auf Ebene der Mitgliedstaaten nicht ausreichend verwirklicht werden kann und daher besser auf Gemeinschaftsebene zu verwirklichen ist, kann die Gemeinschaft im Einklang mit dem in Artikel 5 des Vertrags niedergelegten Subsidiaritätsprinzip tätig werden. Entsprechend dem in demselben Artikel genannten Grundsatz der Verhältnismäßigkeit geht diese Richtlinie nicht über das für die Erreichung dieses Ziels erforderliche Maß hinaus.

(61) Gemäß der Verordnung (EG) Nr. 715/2009 des Europäischen Parlaments und des Rates vom 13. Juli 2009 über die Bedingungen für den Zugang zu den Erdgasfernleitungsnetzen [9] kann die Kommission Leitlinien erlassen, um das erforderliche Maß an Harmonisierung zu bewirken. Solche Leitlinien, bei denen es sich um bindende Durchführungsmaßnahmen handelt, sind, auch im Hinblick auf bestimmte Bestimmungen der Richtlinie, ein nützliches Instrument, das im Bedarfsfall rasch angepasst werden kann.

(62) Die zur Durchführung dieser Richtlinie erforderlichen Maßnahmen sollten gemäß dem Beschluss 1999/468/EG des Rates vom 28. Juni 1999 zur Festlegung der Modalitäten für die Ausübung der der Kommission [10] übertragenen Durchführungsbefugnisse erlassen werden.

(63) Insbesondere sollte die Kommission die Befugnis erhalten, die Leitlinien zu erlassen, die notwendig sind, um das zur Verwirklichung des Ziels dieser Richtlinie erforderliche Mindestmaß an Harmonisierung zu gewährleisten. Da es sich hierbei um Maßnahmen von allgemeiner Tragweite handelt, die eine Änderung nicht wesentlicher Bestimmungen dieser Richtlinie durch Ergänzung um neue nicht wesentliche Bestimmungen bewirken, sind diese Maßnahmen nach dem Regelungsverfahren mit Kontrolle des Artikels 5a des Beschlusses 1999/468/EG zu erlassen.

(64) Nach Nummer 34 der Interinstitutionellen Vereinbarung über bessere Rechtsetzung [11] sind die Mitgliedstaaten aufgefordert, für ihre eigenen Zwecke und im Interesse der Gemeinschaft eigene Tabellen aufzustellen, aus denen im Rahmen des Möglichen die

Entsprechungen zwischen dieser Richtlinie und den Umsetzungsmaßnahmen zu entnehmen sind, und diese zu veröffentlichen.

(65) Wegen des Umfangs der durch den vorliegenden Rechtsakt an der Richtlinie 2003/55/EG vorgenommenen Änderungen sollten die betreffenden Bestimmungen aus Gründen der Klarheit und der Vereinfachung in einem einzigen Text in einer neuen Richtlinie neu gefasst werden.

(66) Die vorliegende Richtlinie respektiert die grundlegenden Rechte und beachtet die insbesondere in der Charta der Grundrechte der Europäischen Union verankerten Grundsätze —

HABEN FOLGENDE RICHTLINIE ERLASSEN:

KAPITEL I

GEGENSTAND, ANWENDUNGSBEREICH UND BEGRIFFSBESTIMMUNGEN

Artikel 1

Gegenstand und Anwendungsbereich

(1) Mit dieser Richtlinie werden gemeinsame Vorschriften für die Fernleitung, die Verteilung, die Lieferung und die Speicherung von Erdgas erlassen. Die Richtlinie regelt die Organisation und Funktionsweise des Erdgassektors, den Marktzugang, die Kriterien und Verfahren für die Erteilung von Fernleitungs-, Verteilungs-, Liefer- und Speichergenehmigungen für Erdgas sowie den Betrieb der Netze.

(2) Die mit dieser Richtlinie erlassenen Vorschriften für Erdgas, einschließlich verflüssigtem Erdgas (LNG), gelten auch in nichtdiskriminierender Weise für Biogas und Gas aus Biomasse oder anderen Gasarten, soweit es technisch und ohne Beeinträchtigung der Sicherheit möglich ist, diese Gase in das Erdgasnetz einzuspeisen und durch dieses Netz zu transportieren.

Artikel 2

Begriffsbestimmungen

Im Sinne dieser Richtlinie bezeichnet der Ausdruck

1. "Erdgasunternehmen" eine natürliche oder juristische Person, die mindestens eine der Funktionen Gewinnung, Fernleitung, Verteilung, Lieferung, Kauf oder Speicherung von Erdgas, einschließlich verflüssigtem Erdgas, wahrnimmt und die kommerzielle, technische und/oder wartungsbezogene Aufgaben im Zusammenhang mit diesen Funktionen erfüllt, mit Ausnahme der Endkunden;

2. "vorgelagertes Rohrleitungsnetz" Rohrleitungen oder ein Netz von Rohrleitungen, deren Betrieb und/oder Bau Teil eines Öl- oder Gasgewinnungsvorhabens ist oder die dazu verwendet werden, Erdgas von einer oder mehreren solcher Anlagen zu einer

Aufbereitungsanlage, zu einem Terminal oder zu einem an der Küste gelegenen Endanlandeterminal zu leiten;

3. "Fernleitung" den Transport von Erdgas durch ein hauptsächlich Hochdruckfernleitungen umfassendes Netz, mit Ausnahme von vorgelagerten Rohrleitungsnetzen und des in erster Linie im Zusammenhang mit der lokalen Erdgasverteilung benutzten Teils von Hochdruckfernleitungen, zum Zweck der Belieferung von Kunden, jedoch mit Ausnahme der Versorgung;

4. "Fernleitungsnetzbetreiber" eine natürliche oder juristische Person, die die Funktion der Fernleitung wahrnimmt und verantwortlich ist für den Betrieb, die Wartung sowie erforderlichenfalls den Ausbau des Fernleitungsnetzes in einem bestimmten Gebiet und gegebenenfalls der Verbindungsleitungen zu anderen Netzen sowie für die Sicherstellung der langfristigen Fähigkeit des Netzes, eine angemessene Nachfrage nach Transport von Gas zu befriedigen;

5. "Verteilung" den Transport von Erdgas über örtliche oder regionale Leitungsnetze zum Zweck der Belieferung von Kunden, jedoch mit Ausnahme der Versorgung;

6. "Verteilernetzbetreiber" eine natürliche oder juristische Person, die die Funktion der Verteilung wahrnimmt und verantwortlich ist für den Betrieb, die Wartung sowie erforderlichenfalls den Ausbau des Verteilernetzes in einem bestimmten Gebiet und gegebenenfalls der Verbindungsleitungen zu anderen Netzen sowie für die Sicherstellung der langfristigen Fähigkeit des Netzes, eine angemessene Nachfrage nach Verteilung von Gas zu befriedigen;

7. "Versorgung" (bzw. "Lieferung") den Verkauf einschließlich des Weiterverkaufs von Erdgas, einschließlich verflüssigtem Erdgas, an Kunden;

8. "Versorgungsunternehmen" eine natürliche oder juristische Person, die die Funktion der Versorgung wahrnimmt;

9. "Speicheranlage" eine einem Erdgasunternehmen gehörende und/oder von ihm betriebene Anlage zur Speicherung von Erdgas, einschließlich des zu Speicherzwecken genutzten Teils von LNG-Anlagen, jedoch mit Ausnahme des Teils, der für eine Gewinnungstätigkeit genutzt wird; ausgenommen sind auch Einrichtungen, die ausschließlich Fernleitungsnetzbetreibern bei der Wahrnehmung ihrer Funktionen vorbehalten sind;

10. "Betreiber einer Speicheranlage" eine natürliche oder juristische Person, die die Funktion der Speicherung wahrnimmt und für den Betrieb einer Speicheranlage verantwortlich ist;

11. "LNG-Anlage" eine Kopfstation zur Verflüssigung von Erdgas oder zur Einfuhr, Entladung und Wiederverdampfung von verflüssigtem Erdgas; darin eingeschlossen sind Hilfsdienste und die vorübergehende Speicherung, die für die Wiederverdampfung und die anschließende Einspeisung in das Fernleitungsnetz erforderlich sind, jedoch nicht die zu Speicherzwecken genutzten Teile von LNG-Kopfstationen;

12. "Betreiber einer LNG-Anlage" eine natürliche oder juristische Person, die die Funktion der Verflüssigung von Erdgas oder der Einfuhr, Entladung und Wiederverdampfung von verflüssigtem Erdgas wahrnimmt und für den Betrieb einer LNG-Anlage verantwortlich ist;

13. "Netz" alle Fernleitungsnetze, Verteilernetze, LNG-Anlagen und/oder Speicheranlagen, die einem Erdgasunternehmen gehören und/oder von ihm betrieben werden, einschließlich Netzpufferung und seiner Anlagen, die zu Hilfsdiensten genutzt werden, und der Anlagen verbundener Unternehmen, die für den Zugang zur Fernleitung, zur Verteilung und zu LNG-Anlagen erforderlich sind;

14. "Hilfsdienste" sämtliche für den Zugang zu und den Betrieb von Fernleitungsnetzen, Verteilernetzen, LNG-Anlagen und/oder Speicheranlagen erforderlichen Dienste und Einrichtungen, einschließlich Lastausgleichs-, Mischungs- und Inertgaseinblasanlagen, jedoch mit Ausnahme von Anlagen, die ausschließlich Fernleitungsnetzbetreibern für die Wahrnehmung ihrer Aufgaben vorbehalten sind;

15. "Netzpufferung" die Speicherung von Gas durch Verdichtung in Erdgasfernleitungs- und Erdgasverteilernetzen; ausgenommen sind Einrichtungen, die Fernleitungsnetzbetreibern bei der Wahrnehmung ihrer Funktionen vorbehalten sind;

16. "Verbundnetz" eine Anzahl von Netzen, die miteinander verbunden sind;

17. "Verbindungsleitung" eine Fernleitung, die eine Grenze zwischen Mitgliedstaaten quert oder überspannt und einzig dem Zweck dient, die nationalen Fernleitungsnetze dieser Mitgliedstaaten zu verbinden;

18. "Direktleitung" eine zusätzlich zum Verbundnetz errichtete Erdgasleitung;

19. "integriertes Erdgasunternehmen" ein vertikal oder horizontal integriertes Unternehmen;

20. "vertikal integriertes Unternehmen" ein Erdgasunternehmen oder eine Gruppe von Unternehmen, in der ein und dieselbe(n) Person(en) berechtigt ist (sind), direkt oder indirekt Kontrolle auszuüben, wobei das betreffende Unternehmen bzw. die betreffende Gruppe von Unternehmen mindestens eine der Funktionen Fernleitung, Verteilung, LNG oder Speicherung und mindestens eine der Funktionen Gewinnung oder Lieferung von Erdgas wahrnimmt;

21. "horizontal integriertes Unternehmen" ein Unternehmen, das mindestens eine der Funktionen Gewinnung, Fernleitung, Verteilung, Lieferung oder Speicherung von Erdgas wahrnimmt und das außerdem eine weitere Tätigkeit außerhalb des Gasbereichs ausübt;

22. "verbundenes Unternehmen" ein verbundenes Unternehmen im Sinne von Artikel 41 der Siebenten Richtlinie 83/349/EWG des Rates vom 13. Juni 1983 aufgrund von Artikel 44 Absatz 2 Buchstabe g [] des Vertrags über den konsolidierten Abschluss [13], und/oder ein assoziiertes Unternehmen im Sinne von Artikel 33 Absatz 1 jener Richtlinie und/oder Unternehmen, die denselben Aktionären gehören;

23. "Netzbenutzer" eine natürliche oder juristische Person, die in das Netz einspeist oder daraus versorgt wird;

24. "Kunde" einen Erdgasgroßhändler, -endkunde oder -unternehmen, der Erdgas kauft;

25. "Haushaltskunde" einen Kunde, der Erdgas für den Eigenverbrauch im Haushalt kauft;

26. "Nichthaushaltskunde" einen Kunde, der Erdgas für andere Zwecke als den Eigenverbrauch im Haushalt kauft;

27. "Endkunde" einen Kunde, der Erdgas für den Eigenbedarf kauft;

28. "zugelassener Kunde" einen Kunde, dem es gemäß Artikel 37 frei steht, Gas von einem Lieferanten seiner Wahl zu kaufen;

29. "Großhändler" eine natürliche und juristische Person mit Ausnahme von Fernleitungs- und Verteilernetzbetreibern, die Erdgas zum Zweck des Weiterverkaufs innerhalb oder außerhalb des Netzes, in dem sie ansässig ist, kauft;

30. "langfristige Planung" die langfristige Planung der Versorgungs- und Transportkapazität von Erdgasunternehmen zur Deckung der Erdgasnachfrage des Netzes, zur Diversifizierung der Versorgungsquellen und zur Sicherung der Versorgung der Kunden;

31. "entstehender Markt" einen Mitgliedstaat, in dem die erste kommerzielle Lieferung aufgrund seines ersten langfristigen Erdgasliefervertrags nicht mehr als zehn Jahre zurückliegt;

32. "Sicherheit" sowohl die Sicherheit der Versorgung mit Erdgas als auch die Betriebssicherheit;

33. "neue Infrastruktur" eine Infrastruktur, die bis 4. August 2003 nicht fertig gestellt worden ist;

34. "Gasversorgungsvertrag" einen Vertrag über die Lieferung von Erdgas, mit Ausnahme von Gasderivaten;

35. "Gasderivat" ein in Abschnitt C Nummern 5, 6 oder 7 des Anhangs I der Richtlinie 2004/39/EG des Europäischen Parlaments und des Rates vom 21. April 2004 über Märkte für Finanzinstrumente genanntes Finanzinstrument [14], sofern dieses Instrument Erdgas betrifft;

36. "Kontrolle" Rechte, Verträge oder andere Mittel, die einzeln oder zusammen unter Berücksichtigung aller tatsächlichen oder rechtlichen Umstände die Möglichkeit gewähren, einen bestimmenden Einfluss auf die Tätigkeit eines Unternehmens auszuüben, insbesondere durch

a) Eigentums- oder Nutzungsrechte an der Gesamtheit oder an Teilen des Vermögens des Unternehmens;

b) Rechte oder Verträge, die einen bestimmenden Einfluss auf die Zusammensetzung, die Beratungen oder Beschlüsse der Organe des Unternehmens gewähren.

KAPITEL II

ALLGEMEINE VORSCHRIFTEN FÜR DIE ORGANISATION DES SEKTORS

Artikel 3

Gemeinwirtschaftliche Verpflichtungen und Schutz der Kunden

(1) Die Mitgliedstaaten gewährleisten entsprechend ihrem institutionellen Aufbau und unter Beachtung des Subsidiaritätsprinzips, dass Erdgasunternehmen unbeschadet des Absatzes 2 nach den in dieser Richtlinie festgelegten Grundsätzen und im Hinblick auf die Errichtung eines wettbewerbsbestimmten, sicheren und unter ökologischen Aspekten nachhaltigen Erdgasmarkts betrieben werden und dass diese Unternehmen hinsichtlich der Rechte und Pflichten nicht diskriminiert werden.

(2) Die Mitgliedstaaten können unter uneingeschränkter Beachtung der einschlägigen Bestimmungen des Vertrags, insbesondere des Artikels 86, den im Gassektor tätigen Unternehmen im Allgemeinen wirtschaftlichen Interesse Verpflichtungen auferlegen, die sich auf Sicherheit, einschließlich Versorgungssicherheit, Regelmäßigkeit, Qualität und Preis der Versorgung sowie Umweltschutz, einschließlich Energieeffizienz, Energie aus erneuerbaren Quellen und Klimaschutz, beziehen können. Solche Verpflichtungen müssen klar festgelegt, transparent, nichtdiskriminierend und überprüfbar sein und den gleichberechtigten Zugang von Erdgasunternehmen der Gemeinschaft zu den nationalen Verbrauchern sicherstellen. In Bezug auf die Versorgungssicherheit, die Energieeffizienz/Nachfragesteuerung sowie zur Erreichung der Umweltziele und der Ziele für die Energie aus erneuerbaren Quellen im Sinne dieses Absatzes können die Mitgliedstaaten eine langfristige Planung vorsehen, wobei die Möglichkeit zu berücksichtigen ist, dass Dritte Zugang zum Netz erhalten wollen.

(3) Die Mitgliedstaaten ergreifen geeignete Maßnahmen zum Schutz der Endkunden und tragen insbesondere dafür Sorge, dass für schutzbedürftige Kunden ein angemessener Schutz besteht. In diesem Zusammenhang definiert jeder Mitgliedstaat ein Konzept des "schutzbedürftigen Kunden", das sich auf Energiearmut sowie unter anderem auf das Verbot beziehen kann, solche Kunden in schwierigen Zeiten von der Versorgung auszuschließen. Die Mitgliedstaaten stellen sicher, dass die Rechte und Verpflichtungen im Zusammenhang mit schutzbedürftigen Kunden eingehalten werden. Insbesondere treffen sie geeignete Maßnahmen zum Schutz von Endkunden in abgelegenen Gebieten, die an das Erdgasnetz angeschlossen sind. Sie können für an das Erdgasnetz angeschlossene Kunden einen Versorger letzter Instanz benennen. Sie gewährleisten einen hohen Verbraucherschutz, insbesondere in Bezug auf die Transparenz der Vertragsbedingungen, allgemeine Informationen und Streitbeilegungsverfahren. Die Mitgliedstaaten stellen sicher, dass zugelassene Kunden tatsächlich problemlos zu einem neuen Lieferanten wechseln können. Zumindest im Fall der Haushaltskunden schließen solche Maßnahmen die in Anhang I aufgeführten Maßnahmen ein.

(4) Die Mitgliedstaaten ergreifen geeignete Maßnahmen, beispielsweise in Form von nationalen energiepolitischen Aktionsplänen oder Leistungen der Systeme der sozialen Sicherheit, um die notwendige Gasversorgung für schutzbedürftige Kunden oder die Förderung von Verbesserungen der Energieeffizienz zu gewährleisten, damit die Energiearmut, soweit sie festgestellt wurde, bekämpft wird, auch im Zusammenhang mit der Armut insgesamt. Die Maßnahmen dürfen die in Artikel 37 vorgesehene Öffnung des Marktes und dessen Funktionieren nicht beeinträchtigen und sind der Kommission erforderlichenfalls

gemäß Absatz 11 dieses Artikels mitzuteilen. Diese Mitteilung betrifft nicht Maßnahmen innerhalb des allgemeinen Systems der sozialen Sicherheit.

(5) Die Mitgliedstaaten stellen sicher, dass alle an das Gasnetz angeschlossenen Kunden das Recht haben, von einem Lieferanten — sofern dieser zustimmt — mit Erdgas versorgt zu werden, unabhängig davon, in welchem Mitgliedstaat er als Lieferant registriert ist, sofern der Lieferant die geltenden Regeln im Bereich Handel und Ausgleich einhält, und vorbehaltlich der Anforderungen in Bezug auf die Versorgungssicherheit. In diesem Zusammenhang ergreifen die Mitgliedstaaten alle notwendigen Maßnahmen, damit die Verwaltungsverfahren kein Hindernis für Versorgungsunternehmen bilden, die bereits in einem anderen Mitgliedstaat als Lieferant registriert sind.

(6) Die Mitgliedstaaten sorgen dafür, dass

a) in den Fällen, in denen Kunden unter Einhaltung der Vertragsbedingungen beabsichtigen, den Lieferanten zu wechseln, die betreffenden Betreiber diesen Wechsel innerhalb von drei Wochen vornehmen, und

b) die Kunden das Recht haben, sämtliche sie betreffenden Verbrauchsdaten zu erhalten.

Die Mitgliedstaaten stellen sicher, dass die in Unterabsatz 1 Buchstaben a und b genannten Rechte Kunden ohne Diskriminierung bezüglich der Kosten, des Aufwands und der Dauer gewährt werden.

(7) Die Mitgliedstaaten ergreifen geeignete Maßnahmen zur Erreichung der Ziele des sozialen und wirtschaftlichen Zusammenhalts sowie des Umweltschutzes, wozu auch Maßnahmen zur Bekämpfung von Klimaveränderungen gehören können, und der Versorgungssicherheit. Diese Maßnahmen können insbesondere die Schaffung geeigneter wirtschaftlicher Anreize für den Aufbau und den Erhalt der erforderlichen Netzinfrastruktur einschließlich der Verbindungsleitungskapazitäten gegebenenfalls unter Einsatz aller auf einzelstaatlicher Ebene oder auf Gemeinschaftsebene vorhandenen Instrumente umfassen.

(8) Um die Energieeffizienz zu fördern, empfehlen die Mitgliedstaaten oder, wenn ein Mitgliedstaat dies vorsieht, die Regulierungsbehörden nachdrücklich, dass die Erdgasunternehmen den Erdgasverbrauch optimieren, indem sie beispielsweise Energiemanagementdienstleistungen anbieten, neuartige Preismodelle entwickeln oder gegebenenfalls intelligente Messsysteme oder intelligente Netze einführen.

(9) Die Mitgliedstaaten stellen sicher, dass zentrale Anlaufstellen eingerichtet werden, über die die Verbraucher alle notwendigen Informationen über ihre Rechte, das geltende Recht und Streitbeilegungsverfahren, die ihnen im Streitfall zur Verfügung stehen, erhalten. Diese Anlaufstellen können in allgemeinen Verbraucherinformationsstellen angesiedelt sein.

Die Mitgliedstaaten sorgen dafür, dass ein unabhängiger Mechanismus, beispielsweise ein unabhängiger Bürgerbeauftragter oder eine Verbraucherschutzeinrichtung für den Energiesektor eingerichtet wird, um Beschwerden wirksam zu behandeln und gütliche Einigungen herbeizuführen.

(10) Die Mitgliedstaaten können beschließen, Artikel 4 nicht auf die Verteilung anzuwenden, soweit eine Anwendung die Erfüllung der den Erdgasunternehmen im Allgemeinen wirtschaftlichen Interesse auferlegten Verpflichtungen de jure oder de facto verhindern

würde, und soweit die Entwicklung des Handelsverkehrs nicht in einem Ausmaß beeinträchtigt wird, das den Interessen der Gemeinschaft zuwiderläuft. Im Interesse der Gemeinschaft liegt insbesondere der Wettbewerb um zugelassene Kunden in Übereinstimmung mit dieser Richtlinie und mit Artikel 86 des Vertrags.

(11) Bei der Umsetzung dieser Richtlinie unterrichten die Mitgliedstaaten die Kommission über alle Maßnahmen, die sie zur Erfüllung gemeinwirtschaftlicher Verpflichtungen einschließlich des Verbraucher- und des Umweltschutzes getroffen haben, und über deren mögliche Auswirkungen auf den nationalen und internationalen Wettbewerb, und zwar unabhängig davon, ob für diese Maßnahmen eine Ausnahme von dieser Richtlinie erforderlich ist oder nicht. Sie unterrichten die Kommission anschließend alle zwei Jahre über Änderungen der Maßnahmen, unabhängig davon, ob für diese Maßnahmen eine Ausnahme von dieser Richtlinie erforderlich ist oder nicht.

(12) Die Kommission erstellt in Absprache mit den relevanten Interessenträgern, einschließlich Mitgliedstaaten, nationale Regulierungsbehörden, Verbraucherorganisationen und Erdgasunternehmen, eine verständliche und kurz gefasste Checkliste mit praktischen Informationen in Bezug auf die Rechte der Energieverbraucher. Die Mitgliedstaaten sorgen dafür, dass die Erdgasversorger oder Verteilernetzbetreiber in Zusammenarbeit mit der Regulierungsbehörde die erforderlichen Maßnahmen treffen, um den Verbrauchern eine Kopie der Checkliste zukommen zu lassen, und gewährleisten, dass diese öffentlich zugänglich ist.

Artikel 4

Genehmigungsverfahren

(1) In Fällen, in denen eine Genehmigung (z. B. eine Lizenz, Erlaubnis, Konzession, Zustimmung oder Zulassung) für den Bau oder den Betrieb von Erdgasanlagen erforderlich ist, erteilen die Mitgliedstaaten oder eine von ihnen benannte zuständige Behörde nach den Absätzen 2 bis 4 Genehmigungen zum Bau und/oder Betrieb derartiger Anlagen, Leitungen und dazugehöriger Einrichtungen in ihrem Hoheitsgebiet. Die Mitgliedstaaten oder eine von ihnen benannte zuständige Behörde können auf derselben Grundlage ferner Genehmigungen für die Lieferung von Erdgas, auch an Großhändler, erteilen.

(2) Mitgliedstaaten, die über ein Genehmigungssystem verfügen, legen objektive und nichtdiskriminierende Kriterien fest, die ein Unternehmen erfüllen muss, das eine Genehmigung für den Bau und/oder den Betrieb von Erdgasanlagen oder eine Genehmigung für die Versorgung mit Erdgas beantragt. Die nichtdiskriminierenden Kriterien und Verfahren für die Erteilung von Genehmigungen werden veröffentlicht. Die Mitgliedstaaten stellen sicher, dass im Rahmen der Genehmigungsverfahren für Anlagen, Rohrleitungen und die zugehörige Ausrüstung gegebenenfalls die Bedeutung des betreffenden Vorhabens für den Erdgasbinnenmarkt berücksichtigt wird.

(3) Die Mitgliedstaaten gewährleisten, dass die Gründe für die Verweigerung einer Genehmigung objektiv und nichtdiskriminierend sind und dem Antragsteller bekannt gegeben werden. Die Begründung der Verweigerung wird der Kommission zur Unterrichtung mitgeteilt. Die Mitgliedstaaten führen ein Verfahren ein, das dem Antragsteller die Möglichkeit gibt, gegen eine Verweigerung Rechtsmittel einzulegen.

(4) Bei der Erschließung neu in die Versorgung einbezogener Gebiete und allgemein im Interesse eines effizienten Betriebs können die Mitgliedstaaten es unbeschadet des Artikels 38 ablehnen, eine weitere Genehmigung für den Bau und den Betrieb von Verteilerleitungsnetzen in einem bestimmten Gebiet zu erteilen, wenn in diesem Gebiet bereits solche Leitungsnetze gebaut wurden oder in Planung sind und die bestehenden oder geplanten Kapazitäten nicht ausgelastet sind.

Artikel 5

Beobachtung der Versorgungssicherheit

Die Mitgliedstaaten sorgen für eine Beobachtung der Versorgungssicherheit. Soweit die Mitgliedstaaten es für angebracht halten, können sie diese Aufgabe den in Artikel 39 Absatz 1 genannten Regulierungsbehörden übertragen. Diese Beobachtung betrifft insbesondere das Verhältnis zwischen Angebot und Nachfrage auf dem heimischen Markt, die erwartete Nachfrageentwicklung und das verfügbare Angebot, in der Planung und im Bau befindliche zusätzliche Kapazitäten, die Qualität und den Umfang der Netzwartung sowie Maßnahmen zur Bedienung von Nachfragespitzen und zur Bewältigung von Ausfällen eines oder mehrerer Versorger. Die zuständigen Behörden veröffentlichen bis 31. Juli eines jeden Jahres einen Bericht über die bei der Beobachtung dieser Aspekte gewonnenen Erkenntnisse und etwaige getroffene oder geplante diesbezügliche Maßnahmen und übermitteln ihn unverzüglich der Kommission.

Artikel 6

Regionale Solidarität

(1) Zur Gewährleistung der Versorgungssicherheit auf dem Erdgasbinnenmarkt arbeiten die Mitgliedstaaten mit dem Ziel zusammen, die regionale und bilaterale Solidarität zu fördern.

(2) Diese Zusammenarbeit betrifft Situationen, die kurzfristig zu einer gravierenden Unterbrechung der Versorgung eines Mitgliedstaats führen oder führen können. Die Zusammenarbeit umfasst unter anderem folgende Aspekte:

a) Koordinierung nationaler Notfallmaßnahmen im Sinne von Artikel 8 der Richtlinie 2004/67/EG des Rates vom 26. April 2004 über Maßnahmen zur Gewährleistung der sicheren Erdgasversorgung [15];

b) Ermittlung und — soweit erforderlich — Auf- oder Ausbau von Strom- und Erdgasverbindungsleitungen; und

c) Bedingungen und praktische Modalitäten einer gegenseitigen Unterstützung.

(3) Die Kommission und die anderen Mitgliedstaaten werden regelmäßig über diese Zusammenarbeit unterrichtet.

(4) Die Kommission kann Leitlinien für die regionale Kooperation im Geiste der Solidarität erlassen. Diese Maßnahmen zur Änderung nicht wesentlicher Bestimmungen dieser Richtlinie durch Ergänzung werden nach dem in Artikel 51 Absatz 3 genannten Regelungsverfahren mit Kontrolle erlassen.

Artikel 7

Förderung der regionalen Zusammenarbeit

(1) Die Mitgliedstaaten und die Regulierungsbehörden arbeiten zusammen, um als ersten Schritt hin zur Schaffung eines vollständig liberalisierten Binnenmarktes ihre nationalen Märkte zumindest auf einer oder mehreren regionalen Ebenen zu integrieren. Die Mitgliedstaaten oder, wenn die Mitgliedstaaten dies so vorgesehen haben, die Regulierungsbehörden fördern und vereinfachen insbesondere die Zusammenarbeit der Fernleitungsnetzbetreiber auf regionaler Ebene, auch in grenzüberschreitenden Angelegenheiten, um einen Wettbewerbsbinnenmarkt für Erdgas zu schaffen, fördern die Kohärenz ihrer Rechtsvorschriften, des Regulierungsrahmens und des technischen Rahmens und ermöglichen die Einbindung der isolierten Netze, zu denen die in der Gemeinschaft nach wie vor bestehenden "Erdgasinseln" gehören. Die geografischen Gebiete, auf die sich diese regionale Zusammenarbeit erstreckt, umfassen die gemäß Artikel 12 Absatz 3 der Verordnung (EG) Nr. 715/2009 festgelegten geografischen Gebiete. Diese Zusammenarbeit kann sich zusätzlich auf andere geografische Gebiete erstrecken.

(2) Die Agentur arbeitet mit nationalen Regulierungsbehörden und Fernleitungsnetzbetreibern zusammen, um die Kompatibilität der regional geltenden Regulierungsrahmen und damit die Schaffung eines Wettbewerbsbinnenmarkts zu gewährleisten. Ist die Agentur der Auffassung, dass verbindliche Regeln für eine derartige Zusammenarbeit erforderlich sind, spricht sie geeignete Empfehlungen aus.

(3) Die Mitgliedstaaten gewährleisten im Zuge der Umsetzung dieser Richtlinie, dass die Fernleitungsnetzbetreiber für Zwecke der Kapazitätszuweisung und der Überprüfung der Netzsicherheit auf regionaler Ebene über ein oder mehrere integrierte Systeme verfügen, die sich auf zwei oder mehr Mitgliedstaaten erstrecken.

(4) Wirken vertikal integrierte Fernleitungsnetzbetreiber an einem zur Umsetzung der Zusammenarbeit errichteten gemeinsamen Unternehmen mit, so stellt dieses gemeinsame Unternehmen ein Gleichbehandlungsprogramm auf und führt es durch: darin sind die Maßnahmen aufgeführt, mit denen sichergestellt wird, dass diskriminierende und wettbewerbswidrige Verhaltensweisen ausgeschlossen werden. In dem Gleichbehandlungsprogramm ist festgelegt, welche besonderen Pflichten die Mitarbeiter im Hinblick auf die Erreichung des Ziels der Vermeidung diskriminierenden und wettbewerbswidrigen Verhaltens haben. Das Programm bedarf der Genehmigung durch die Agentur. Die Einhaltung des Programms wird durch die Gleichbehandlungsbeauftragten der vertikal integrierten Fernleitungsnetzbetreiber unabhängig kontrolliert.

Artikel 8

Technische Vorschriften

Die Mitgliedstaaten oder, wenn die Mitgliedstaaten dies so vorgesehen haben, die Regulierungsbehörden gewährleisten, dass Kriterien für die technische Betriebssicherheit festgelegt und für den Netzanschluss von LNG-Anlagen, Speicheranlagen, sonstigen Fernleitungs- oder Verteilersystemen sowie Direktleitungen technische Vorschriften mit Mindestanforderungen an die Auslegung und den Betrieb ausgearbeitet und veröffentlicht werden. Diese technischen Vorschriften müssen die Interoperabilität der Netze sicherstellen sowie objektiv und nichtdiskriminierend sein. Die Agentur kann gegebenenfalls geeignete

Empfehlungen abgeben, wie diese Vorschriften kompatibel gestaltet werden können. Diese Vorschriften werden der Kommission gemäß Artikel 8 der Richtlinie 98/34/EG des Europäischen Parlaments und des Rates vom 22. Juni 1998 über ein Informationsverfahren auf dem Gebiet der Normen und technischen Vorschriften und der Vorschriften für die Dienste der Informationsgesellschaft [16] mitgeteilt.

KAPITEL III

FERNLEITUNG, SPEICHERUNG UND LNG

Artikel 9

Entflechtung der Fernleitungsnetze und der Fernleitungsnetzbetreiber

(1) Die Mitgliedstaaten gewährleisten, dass ab dem 3. März 2012

a) jedes Unternehmen, das Eigentümer eines Fernleitungsnetzes ist, als Fernleitungsnetzbetreiber agiert;

b) nicht ein und dieselbe(n) Person(en) berechtigt ist (sind),

i) direkt oder indirekt die Kontrolle über ein Unternehmen auszuüben, das eine der Funktionen der Gewinnung oder der Versorgung wahrnimmt, und direkt oder indirekt die Kontrolle über einen Fernleitungsnetzbetreiber oder ein Fernleitungsnetz auszuüben oder Rechte an einem Fernleitungsnetzbetreiber oder einem Fernleitungsnetz auszuüben oder

ii) direkt oder indirekt die Kontrolle über einen Fernleitungsnetzbetreiber oder ein Fernleitungsnetz auszuüben und direkt oder indirekt die Kontrolle über ein Unternehmen auszuüben, das eine der Funktionen Gewinnung oder Versorgung wahrnimmt, oder Rechte an einem Unternehmen, das eine dieser Funktionen wahrnimmt, auszuüben;

c) nicht ein und dieselbe(n) Person(en) berechtigt ist (sind), Mitglieder des Aufsichtsrates, des Verwaltungsrates oder der zur gesetzlichen Vertretung berufenen Organe eines Fernleitungsnetzbetreibers oder eines Fernleitungsnetzes zu bestellen und direkt oder indirekt die Kontrolle über ein Unternehmen auszuüben, das eine der Funktionen Gewinnung oder Versorgung wahrnimmt, oder Rechte an einem Unternehmen, das eine dieser Funktionen wahrnimmt, auszuüben, und

d) nicht ein und dieselbe(n) Person(en) berechtigt ist (sind), Mitglied des Aufsichtsrates, des Verwaltungsrates oder der zur gesetzlichen Vertretung berufenen Organe sowohl eines Unternehmens, das eine der Funktionen Gewinnung oder Versorgung wahrnimmt, als auch eines Fernleitungsnetzbetreibers oder eines Fernleitungsnetzes zu sein.

(2) Die in Absatz 1 Buchstaben b und c genannten Rechte schließen insbesondere Folgendes ein:

a) die Befugnis zur Ausübung von Stimmrechten oder

b) die Befugnis, Mitglieder des Aufsichtsrates, des Verwaltungsrates oder der zur gesetzlichen Vertretung berufenen Organe zu bestellen, oder

c) das Halten einer Mehrheitsbeteiligung.

(3) Für die Zwecke des Absatzes 1 Buchstabe b schließt der Begriff "Unternehmen, das eine der Funktionen Gewinnung oder Versorgung wahrnimmt" auch ein "Unternehmen, das eine der Funktionen Erzeugung und Versorgung wahrnimmt" im Sinne der Richtlinie 2009/72/EG des Europäischen Parlaments und des Rates vom 13. Juli 2009 über gemeinsame Vorschriften für den Elektrizitätsbinnenmarkt [17] ein und schließen die Begriffe "Fernleitungsnetzbetreiber" und "Fernleitungsnetz" auch "Übertragungsnetzbetreiber" und "Übertragungsnetz" im Sinne der genannten Richtlinie ein.

(4) Die Mitgliedstaaten können bis zum 3. März 2013 Ausnahmen von den Bestimmungen des Absatzes 1 Buchstaben b und c zulassen, sofern die Fernleitungsnetzbetreiber nicht Teil eines vertikal integrierten Unternehmens sind.

(5) Die Verpflichtung des Absatzes 1 Buchstabe a des vorliegenden Artikels gilt als erfüllt, wenn zwei oder mehr Unternehmen, die Eigentümer von Fernleitungsnetzen sind, ein Gemeinschaftsunternehmen gründen, das in zwei oder mehr Mitgliedstaaten als Fernleitungsnetzbetreiber für die betreffenden Fernleitungsnetze tätig ist. Kein anderes Unternehmen darf Teil des Gemeinschaftsunternehmens sein, es sei denn, es wurde gemäß Artikel 14 als unabhängiger Netzbetreiber oder als ein unabhängiger Fernleitungsnetzbetreiber für die Zwecke des Kapitels IV zugelassen.

(6) Für die Umsetzung dieses Artikels gilt Folgendes: Handelt es sich bei der in Absatz 1 Buchstaben b, c und d genannten Person um den Mitgliedstaat oder eine andere öffentliche Stelle, so gelten zwei von einander getrennte öffentlich-rechtliche Stellen, die einerseits die Kontrolle über einen Fernleitungsnetzbetreiber oder über ein Fernleitungsnetz und andererseits über ein Unternehmen, das eine der Funktionen Gewinnung oder Versorgung wahrnimmt, ausüben, nicht als ein und dieselbe(n) Person(en).

(7) Die Mitgliedstaaten stellen sicher, dass weder die in Artikel 16 genannten wirtschaftlich sensiblen Informationen, über die ein Fernleitungsnetzbetreiber verfügt, der Teil eines vertikal integrierten Unternehmens war, noch sein Personal an Unternehmen weitergegeben werden, die eine der Funktionen der Gewinnung oder der Versorgung wahrnehmen.

(8) In den Fällen, in denen das Fernleitungsnetz am 3. September 2009 einem vertikal integrierten Unternehmen gehört, kann ein Mitgliedstaat entscheiden, Absatz 1 nicht anzuwenden.

In diesem Fall muss der betreffende Mitgliedstaat entweder

a) einen unabhängigen Netzbetreiber gemäß Artikel 14 benennen oder

b) die Bestimmungen des Kapitels IV einhalten.

(9) In den Fällen, in denen das Fernleitungsnetz am 3. September 2009 einem vertikal integrierten Unternehmen gehört und Regelungen bestehen, die eine wirksamere Unabhängigkeit des Fernleitungsnetzbetreibers gewährleisten als die Bestimmungen des Kapitels IV, kann ein Mitgliedstaaten entscheiden, Absatz 1 nicht anzuwenden.

(10) Bevor ein Unternehmen als Fernleitungsnetzbetreiber nach Absatz 9 des vorliegenden Artikels zugelassen und benannt wird, ist es nach den Verfahren des Artikels 10 Absätze 4, 5

und 6 der vorliegenden Richtlinie und des Artikels 3 der Verordnung (EG) Nr. 715/2009 zu zertifizieren, wobei die Kommission überprüft, ob die bestehenden Regelungen eindeutig eine wirksamere Unabhängigkeit des Fernleitungsnetzbetreibers gewährleisten als die Bestimmungen des Kapitels IV.

(11) Vertikal integrierte Unternehmen, die ein Fernleitungsnetz besitzen, können in keinem Fall daran gehindert werden, Schritte zur Einhaltung des Absatzes 1 zu unternehmen.

(12) Unternehmen, die eine der Funktionen der Gewinnung oder der Versorgung wahrnehmen, können in einem Mitgliedstaat, der Absatz 1 anwendet, unter keinen Umständen direkt oder indirekt die Kontrolle über einen entflochtenen Fernleitungsnetzbetreiber übernehmen oder Rechte an diesem Fernleitungsnetzbetreiber ausüben.

Artikel 10

Benennung und Zertifizierung von Fernleitungsnetzbetreibern

(1) Bevor ein Unternehmen als Fernleitungsnetzbetreiber zugelassen und benannt wird, muss es gemäß den in den Absätzen 4, 5 und 6 des vorliegenden Artikels und in Artikel 3 der Verordnung (EG) Nr. 715/2009 genannten Verfahren zertifiziert werden.

(2) Unternehmen, die Eigentümer eines Fernleitungsnetzes sind und denen von der nationalen Regulierungsbehörde gemäß dem unten beschriebenen Zertifizierungsverfahren bescheinigt wurde, dass sie den Anforderungen des Artikels 9 genügen, werden von den Mitgliedstaaten zugelassen und als Fernleitungsnetzbetreiber benannt. Die Benennung der Fernleitungsnetzbetreiber wird der Kommission mitgeteilt und im Amtsblatt der Europäischen Union veröffentlicht.

(3) Die Fernleitungsnetzbetreiber unterrichten die Regulierungsbehörde über alle geplanten Transaktionen, die eine Neubewertung erforderlich machen können, bei der festzustellen ist, ob sie die Anforderungen des Artikels 9 erfüllen.

(4) Die Regulierungsbehörden beobachten die ständige Einhaltung des Artikels 9. Um die Einhaltung der Anforderungen sicherzustellen, leiten sie ein Zertifizierungsverfahren ein

a) bei Erhalt einer Mitteilung eines Fernleitungsnetzbetreibers gemäß Absatz 3;

b) aus eigener Initiative, wenn sie Kenntnis von einer geplanten Änderung bezüglich der Rechte an oder der Einflussnahme auf Fernleitungsnetzeigentümer oder Fernleitungsnetzbetreiber erlangen und diese Änderung zu einem Verstoß gegen Artikel 9 führen kann oder wenn sie Grund zu der Annahme haben, dass es bereits zu einem derartigen Verstoß gekommen ist, oder

c) wenn die Kommission einen entsprechend begründeten Antrag stellt.

(5) Die Regulierungsbehörden entscheiden innerhalb eines Zeitraums von vier Monaten ab dem Tag der Mitteilung des Fernleitungsnetzbetreibers oder ab Antragstellung durch die Kommission über die Zertifizierung eines Fernleitungsnetzbetreibers. Nach Ablauf dieser Frist gilt die Zertifizierung als erteilt. Die ausdrückliche oder stillschweigende Entscheidung der Regulierungsbehörde wird erst nach Abschluss des in Absatz 6 beschriebenen Verfahrens wirksam.

(6) Die ausdrückliche oder stillschweigende Entscheidung über die Zertifizierung eines Fernleitungsnetzbetreibers wird der Kommission zusammen mit allen die Entscheidung betreffenden relevanten Informationen unverzüglich von der Regulierungsbehörde übermittelt. Die Kommission handelt nach dem Verfahren des Artikels 3 der Verordnung (EG) Nr. 715/2009.

(7) Die Regulierungsbehörden und die Kommission können Fernleitungsnetzbetreiber und Unternehmen, die eine der Funktionen Gewinnung oder Versorgung wahrnehmen, um Bereitstellung sämtlicher für die Erfüllung ihrer Aufgaben gemäß diesem Artikel relevanten Informationen ersuchen.

(8) Die Regulierungsbehörden und die Kommission behandeln wirtschaftlich sensible Informationen vertraulich.

Artikel 11

Zertifizierung in Bezug auf Drittländer

(1) Beantragt ein Fernleitungsnetzeigentümer oder -betreiber, der von einer oder mehreren Personen aus einem oder mehreren Drittländern kontrolliert wird, eine Zertifizierung, so teilt die Regulierungsbehörde dies der Kommission mit.

Die Regulierungsbehörde teilt der Kommission ferner unverzüglich alle Umstände mit, die dazu führen würden, dass eine oder mehrere Personen aus einem oder mehreren Drittländern die Kontrolle über ein Fernleitungsnetz oder einen Fernleitungsnetzbetreiber erhalten.

(2) Der Fernleitungsnetzbetreiber teilt der Regulierungsbehörde alle Umstände mit, die dazu führen würden, dass eine oder mehrere Personen aus einem oder mehreren Drittländern die Kontrolle über das Fernleitungsnetz oder den Fernleitungsnetzbetreiber erhalten.

(3) Die Regulierungsbehörde nimmt innerhalb von vier Monaten ab dem Tag der Mitteilung des Fernleitungsnetzbetreibers einen Entwurf einer Entscheidung über die Zertifizierung eines Fernleitungsnetzbetreibers an. Sie verweigert die Zertifizierung, wenn nicht

a) nachgewiesen wird, dass die betreffende Rechtsperson den Anforderungen von Artikel 9 genügt, und

b) der Regulierungsbehörde oder einer anderen vom Mitgliedstaat benannten zuständigen Behörde nachgewiesen wird, dass die Erteilung der Zertifizierung die Sicherheit der Energieversorgung des Mitgliedstaats und der Gemeinschaft nicht gefährdet. Bei der Prüfung dieser Frage berücksichtigt die Regulierungsbehörde oder die entsprechend benannte andere zuständige Behörde

i) die Rechte und Pflichten der Gemeinschaft gegenüber diesem Drittland, die aus dem Völkerrecht — auch aus einem Abkommen mit einem oder mehreren Drittländern, dem die Gemeinschaft als Vertragspartei angehört und in dem Fragen der Energieversorgungssicherheit behandelt werden — erwachsen;

ii) die Rechte und Pflichten des Mitgliedstaats gegenüber diesem Drittland, die aus den mit diesem geschlossenen Abkommen erwachsen, soweit sie mit dem Gemeinschaftsrecht in Einklang stehen, und

iii) andere spezielle Gegebenheiten des Einzelfalls und des betreffenden Drittlands.

(4) Die Regulierungsbehörde teilt der Kommission unverzüglich die Entscheidung zusammen mit allen die Entscheidung betreffenden relevanten Informationen mit.

(5) Die Mitgliedstaaten schreiben vor, dass die Regulierungsbehörde und/oder die benannte zuständige Behörde gemäß Absatz 3 Buchstabe b vor der Annahme einer Entscheidung der Regulierungsbehörde über die Zertifizierung die Stellungnahme der Kommission zu der Frage einholt, ob

a) die betreffende Rechtsperson den Anforderungen von Artikel 9 genügt und

b) eine Gefährdung der Energieversorgungssicherheit der Gemeinschaft durch die Erteilung der Zertifizierung ausgeschlossen ist.

(6) Die Kommission prüft den Antrag nach Absatz 5 unmittelbar nach seinem Eingang. Innerhalb eines Zeitraums von zwei Monaten nach Eingang des Antrags übermittelt sie der nationalen Regulierungsbehörde — oder, wenn der Antrag von der benannten zuständigen Behörde gestellt wurde, dieser Behörde — ihre Stellungnahme.

Zur Ausarbeitung der Stellungnahme kann die Kommission die Standpunkte der Agentur, des betroffenen Mitgliedstaats sowie interessierter Kreise einholen. In diesem Fall verlängert sich die Zweimonatsfrist um zwei Monate.

Legt die Kommission innerhalb des in den Unterabsätzen 1 und 2 genannten Zeitraums keine Stellungnahme vor, so wird davon ausgegangen, dass sie keine Einwände gegen die Entscheidung der Regulierungsbehörde erhebt.

(7) Bei der Bewertung der Frage, ob die Kontrolle durch eine oder mehrere Personen aus einem oder mehreren Drittländern die Energieversorgungssicherheit in der Gemeinschaft nicht gefährden werden, berücksichtigt die Kommission Folgendes:

a) die besonderen Gegebenheiten des Einzelfalls und des/der betreffenden Drittlands/Drittländer sowie

b) die Rechte und Pflichten der Gemeinschaft gegenüber diesem/n Drittland/Drittländern, die aus dem Völkerrecht — auch aus einem Abkommen mit einem oder mehreren Drittländern, dem die Gemeinschaft als Vertragspartei angehört und durch das Fragen der Versorgungssicherheit geregelt werden — erwachsen.

(8) Die nationale Regulierungsbehörde erlässt ihre endgültige Entscheidung über die Zertifizierung innerhalb von zwei Monaten nach Ablauf der in Absatz 6 genannten Frist. Die nationale Regulierungsbehörde trägt in ihrer endgültigen Entscheidung der Stellungnahme der Kommission so weit wie möglich Rechnung. Die Mitgliedstaaten haben in jedem Fall das Recht, die Zertifizierung abzulehnen, wenn die Erteilung der Zertifizierung die Sicherheit der Energieversorgung des jeweiligen Mitgliedstaats oder die eines anderen Mitgliedstaats gefährdet. Hat der Mitgliedstaat eine andere zuständige Behörde für die Bewertung nach Absatz 3 Buchstabe b benannt, so kann er vorschreiben, dass die nationale Regulierungsbehörde ihre endgültige Entscheidung in Einklang mit der Bewertung dieser zuständigen Behörde erlassen muss. Die endgültige Entscheidung der Regulierungsbehörde wird zusammen mit der Stellungnahme der Kommission veröffentlicht. Weicht die endgültige

Entscheidung von der Stellungnahme der Kommission ab, so muss der betreffende Mitgliedstaat zusammen mit dieser Entscheidung die Begründung für diese Entscheidung mitteilen und veröffentlichen.

(9) Dieser Artikel berührt in keiner Weise das Recht der Mitgliedstaaten, in Einklang mit dem Gemeinschaftsrecht nationale rechtliche Kontrollen zum Schutz legitimer Interessen der öffentlichen Sicherheit durchzuführen.

(10) Die Kommission kann Leitlinien erlassen, in denen die Einzelheiten des Verfahrens für die Anwendung dieses Artikels festgelegt werden. Diese Maßnahmen zur Änderung nicht wesentlicher Bestimmungen dieser Richtlinie durch Ergänzung werden nach dem in Artikel 51 Absatz 3 genannten Regelungsverfahren mit Kontrolle erlassen.

(11) Dieser Artikel gilt mit Ausnahme von Absatz 3 Buchstabe a auch für die Mitgliedstaaten, für die nach Artikel 49 eine Ausnahmeregelung gilt.

Artikel 12

Benennung der Betreiber von Speicheranlagen und LNG-Anlagen

Die Mitgliedstaaten oder von diesen dazu aufgeforderte Erdgasunternehmen, die Eigentümer von Speicheranlagen oder LNG-Anlagen sind, benennen für einen Zeitraum, den die Mitgliedstaaten unter Effizienzerwägungen und unter Berücksichtigung des wirtschaftlichen Gleichgewichts festlegen, einen oder mehrere Betreiber von Speicheranlagen oder LNG.

Artikel 13

Aufgaben der Fernleitungs-, der Speicherungs- und/oder LNG-Anlagenbetreiber

(1) Jeder Betreiber von Fernleitungsnetzen, Speicheranlagen und/oder LNG-Anlagen ist verantwortlich,

a) zur Gewährleistung eines offenen Marktes unter wirtschaftlichen Bedingungen und unter gebührender Beachtung des Umweltschutzes sichere, zuverlässige und leistungsfähige Fernleitungsnetze, Speicheranlagen und/oder LNG-Anlagen zu betreiben, zu warten und auszubauen, wobei gewährleistet wird, dass die zur Erfüllung der Dienstleistungsverpflichtungen erforderlichen Mittel vorhanden sind;

b) sich jeglicher Diskriminierung von Netzbenutzern oder Kategorien von Netzbenutzern, insbesondere zugunsten der mit ihm verbundenen Unternehmen, zu enthalten;

c) anderen Fernleitungsnetzbetreibern, Speicheranlagenbetreibern oder LNG-Anlagenbetreibern und/oder einem Verteilernetzbetreiber ausreichende Informationen bereitzustellen, damit der Transport und die Speicherung von Erdgas so erfolgen kann, dass der sichere und effiziente Betrieb des Verbundnetzes sichergestellt ist und

d) den Netzbenutzern die Informationen zur Verfügung zu stellen, die sie für einen effizienten Netzzugang benötigen.

(2) Jeder Fernleitungsnetzbetreiber baut ausreichende grenzüberschreitende Kapazitäten für die Integration der europäischen Fernleitungsinfrastruktur auf, um die gesamte wirtschaftlich

sinnvolle und technisch zu bewältigende Kapazitätsnachfrage zu befriedigen, wobei der Erdgasversorgungssicherheit Rechnung getragen wird.

(3) Die von den Fernleitungsnetzbetreibern festgelegten Ausgleichsregelungen für das Gasfernleitungsnetz müssen objektiv, transparent und nichtdiskriminierend sein, einschließlich der Regelungen über die von den Netzbenutzern für Energieungleichgewichte zu zahlenden Entgelte. Die Bedingungen für die Erbringung dieser Leistungen durch die Fernleitungsnetzbetreiber einschließlich Regelungen und Tarife werden gemäß einem mit Artikel 41 Absatz 6 zu vereinbarenden Verfahren in nichtdiskriminierender Weise und kostenorientiert festgelegt und veröffentlicht.

(4) Die Mitgliedstaaten oder, wenn die Mitgliedstaaten dies vorgesehen haben, die Regulierungsbehörden können den Fernleitungsnetzbetreibern zur Auflage machen, bei der Wartung und dem Ausbau des Fernleitungsnetzes einschließlich der Verbindungskapazitäten bestimmte Mindestnormen einzuhalten.

(5) Die Fernleitungsnetzbetreiber beschaffen sich die Energie, die sie zur Wahrnehmung ihrer Aufgaben verwenden, nach transparenten, nichtdiskriminierenden und marktorientierten Verfahren.

Artikel 14

Unabhängige Netzbetreiber (ISO)

(1) In den Fällen, in denen das Fernleitungsnetz am 3. September 2009 einem vertikal integrierten Unternehmen gehört, können die Mitgliedstaaten entscheiden, Artikel 9 Absatz 1 nicht anzuwenden, und auf Vorschlag des Eigentümers des Fernleitungsnetzes einen unabhängigen Netzbetreiber benennen. Die Benennung bedarf der Zustimmung der Kommission.

(2) Ein Mitgliedstaat kann einen unabhängigen Netzbetreiber nur unter folgenden Bedingungen zulassen und benennen:

a) Der Bewerber hat den Nachweis erbracht, dass er den Anforderungen des Artikels 9 Absatz 1 Buchstaben b, c und d genügt.

b) Der Bewerber hat den Nachweis erbracht, dass er über die erforderlichen finanziellen, technischen und personellen Ressourcen verfügt, um die Aufgaben gemäß Artikel 13 wahrzunehmen.

c) Der Bewerber hat sich verpflichtet, einen von der Regulierungsbehörde beobachteten zehnjährigen Netzentwicklungsplan umzusetzen.

d) Der Eigentümer des Fernleitungsnetzes hat den Nachweis erbracht, dass er in der Lage ist, seinen Verpflichtungen gemäß Absatz 5 nachzukommen. Zu diesem Zweck legt er sämtliche mit dem Bewerberunternehmen und etwaigen anderen relevanten Rechtspersonen getroffene vertraglichen Vereinbarungen im Entwurf vor.

e) Der Bewerber hat den Nachweis erbracht, dass er in der Lage ist, seinen Verpflichtungen gemäß der Verordnung (EG) Nr. 715/2009, auch bezüglich der Zusammenarbeit der Fernleitungsnetzbetreiber auf europäischer und regionaler Ebene, nachzukommen.

(3) Unternehmen, denen von der nationalen Regulierungsbehörde bescheinigt wurde, dass sie den Anforderungen des Artikels 11 und Absatz 2 dieses Artikels genügen, werden von den Mitgliedstaaten zugelassen und als Fernleitungsnetzbetreiber benannt. Es gilt das Zertifizierungsverfahren des Artikels 10 der vorliegenden Richtlinie und des Artikels 3 der Verordnung (EG) Nr. 715/2009 oder des Artikels 11 der vorliegenden Richtlinie.

(4) Jeder unabhängige Netzbetreiber ist verantwortlich für die Gewährung und Regelung des Zugangs Dritter, einschließlich der Erhebung von Zugangsentgelten sowie der Einnahme von Engpasserlösen, für Betrieb, Wartung und Ausbau des Fernleitungsnetzes sowie für die Gewährleistung der langfristigen Fähigkeit des Netzes, im Wege einer Investitionsplanung eine angemessene Nachfrage zu befriedigen. Beim Ausbau des Fernleitungsnetzes ist der unabhängige Netzbetreiber für Planung (einschließlich Genehmigungsverfahren), Bau und Inbetriebnahme der neuen Infrastruktur verantwortlich. Hierzu handelt der unabhängige Netzbetreiber als Fernleitungsnetzbetreiber im Einklang mit den Bestimmungen dieses Kapitels. Fernleitungsnetzbetreiber dürfen weder für die Gewährung und Regelung des Zugangs Dritter noch für die Investitionsplanung verantwortlich sein.

(5) Wurde ein unabhängiger Netzbetreiber benannt, ist der Eigentümer des Fernleitungsnetzes zu Folgendem verpflichtet:

a) Er arbeitet im erforderlichen Maße mit dem unabhängigen Fernleitungsnetzbetreiber zusammen und unterstützt ihn bei der Wahrnehmung seiner Aufgaben, indem er insbesondere alle relevanten Informationen liefert.

b) Er finanziert die vom unabhängigen Netzbetreiber beschlossenen und von der Regulierungsbehörde genehmigten Investitionen oder erteilt seine Zustimmung zur Finanzierung durch eine andere interessierte Partei, einschließlich des unabhängigen Netzbetreibers. Die einschlägigen Finanzierungsvereinbarungen unterliegen der Genehmigung durch die Regulierungsbehörde. Vor ihrer Genehmigung konsultiert die Regulierungsbehörde den Eigentümer des Fernleitungsnetzes sowie die anderen interessierten Parteien.

c) Er sichert die Haftungsrisiken im Zusammenhang mit den Netzvermögenswerten ab; hiervon ausgenommen sind diejenigen Haftungsrisiken, die die Aufgaben des unabhängigen Netzbetreibers betreffen, und

d) Er stellt die Garantien, die zur Erleichterung der Finanzierung eines etwaigen Netzausbaus erforderlich sind, mit Ausnahme derjenigen Investitionen, bei denen er gemäß Absatz b einer Finanzierung durch eine interessierte Partei, einschließlich des unabhängigen Netzbetreibers, zugestimmt hat.

(6) In enger Zusammenarbeit mit der Regulierungsbehörde wird die zuständige nationale Wettbewerbsbehörde mit sämtlichen maßgeblichen Befugnissen ausgestattet, die es ihr ermöglichen, wirksam zu beobachten, ob der Fernleitungsnetzeigentümer seinen Verpflichtungen gemäß Absatz 5 nachkommt.

Artikel 15

Entflechtung der Fernleitungsnetzeigentümer und Speicheranlagenbetreiber

(1) Fernleitungsnetzeigentümer — falls ein unabhängiger Netzbetreiber benannt wurde — und Speicheranlagenbetreiber, die Teil eines vertikal integrierten Unternehmens sind, müssen zumindest hinsichtlich ihrer Rechtsform, Organisation und Entscheidungsgewalt unabhängig von den übrigen Tätigkeiten sein, die nicht mit der Fernleitung, Verteilung und Speicherung zusammenhängen.

Dieser Artikel gilt nur für Speicheranlagen, die technisch und/oder wirtschaftlich erforderlich sind, um einen effizienten Zugang zum System für die Versorgung der Kunden gemäß Artikel 33 zu gewährleisten.

(2) Um die Unabhängigkeit des Fernleitungsnetzeigentümer und des Speicheranlagenbetreibers gemäß Absatz 1 sicherzustellen, sind die folgenden Mindestkriterien anzuwenden:

a) Die für die Leitung des Fernleitungsnetzeigentümers und des Speicheranlagenbetreibers zuständigen Personen dürfen nicht betrieblichen Einrichtungen des integrierten Erdgasunternehmens angehören, die direkt oder indirekt für den laufenden Betrieb in den Bereichen Erdgasgewinnung, -verteilung und -versorgung zuständig sind.

b) Es sind geeignete Maßnahmen zu treffen, damit die berufsbedingten Interessen der für die Leitung des Fernleitungsnetzeigentümers und des Speicheranlagenbetreibers zuständigen Personen so berücksichtigt werden, dass ihre Handlungsunabhängigkeit gewährleistet ist.

30

c) Der Speicheranlagenbetreiber hat in Bezug auf Vermögenswerte, die für Betrieb, Wartung oder Ausbau der Speicheranlagen erforderlich sind, tatsächliche Entscheidungsbefugnisse, die er unabhängig von dem integrierten Gasunternehmen ausübt. Dies darf geeigneten Koordinierungsmechanismen nicht entgegenstehen, mit denen sichergestellt wird, dass die wirtschaftlichen Befugnisse des Mutterunternehmens und seine Aufsichtsrechte über das Management im Hinblick auf die — gemäß Artikel 41 Absatz 6 indirekt geregelte — Rentabilität eines Tochterunternehmens geschützt werden. Dies ermöglicht es dem Mutterunternehmen insbesondere, den jährlichen Finanzplan oder ein gleichwertiges Instrument des Speicheranlagenbetreibers zu genehmigen und generelle Grenzen für die Verschuldung seines Tochterunternehmens festzulegen. Dies erlaubt es dem Mutterunternehmen nicht, Weisungen bezüglich des laufenden Betriebs oder einzelner Entscheidungen über den Bau oder die Modernisierung von Speicheranlagen zu erteilen, die über den Rahmen des genehmigten Finanzplans oder eines gleichwertigen Instruments nicht hinausgehen.

d) Der Fernleitungsnetzeigentümer und der Speicheranlagenbetreiber stellen ein Gleichbehandlungsprogramm auf, aus dem hervorgeht, welche Maßnahmen zum Ausschluss diskriminierenden Verhaltens getroffen werden, und gewährleisten die ausreichende Beobachtung der Einhaltung dieses Programms. In dem Gleichbehandlungsprogramm ist festgelegt, welche besonderen Pflichten die Mitarbeiter im Hinblick auf die Erreichung dieser Ziele haben. Die für die Beobachtung des Gleichbehandlungsprogramms zuständige Person oder Stelle legt der Regulierungsbehörde jährlich einen Bericht über die getroffenen Maßnahmen vor, der veröffentlicht wird.

(3) Die Kommission kann Leitlinien erlassen, um sicherzustellen, dass der Fernleitungsnetzeigentümer und der Speicheranlagenbetreiber den Bestimmungen des Absatzes 2 dieses Artikels in vollem Umfang und wirksam nachkommen. Diese Maßnahmen zur Änderung nicht wesentlicher Bestimmungen dieser Richtlinie durch Ergänzung werden nach dem in Artikel 51 Absatz 3 genannten Regelungsverfahren mit Kontrolle erlassen.

Artikel 16

Vertraulichkeitsanforderungen für Betreiber und Eigentümer von Fernleitungsnetzen

(1) Unbeschadet des Artikels 30 und sonstiger rechtlicher Verpflichtungen zur Offenlegung von Informationen wahrt jeder Betreiber eines Fernleitungsnetzes, einer Speicheranlage und/oder einer LNG-Anlage und jeder Eigentümer eines Fernleitungsnetzes die Vertraulichkeit wirtschaftlich sensibler Informationen, von denen er bei der Ausübung seiner Geschäftstätigkeit Kenntnis erlangt, und verhindert, dass Informationen über seine eigenen Tätigkeiten, die wirtschaftliche Vorteile bringen können, in diskriminierender Weise offen gelegt werden. Insbesondere gibt er keine wirtschaftlich sensiblen Informationen an andere Teile des Unternehmens weiter, es sei denn, dies ist für die Durchführung einer Transaktion erforderlich. Zur Gewährleistung der vollständigen Einhaltung der Regeln zur Informationsentflechtung stellen die Mitgliedstaaten sicher, dass der Eigentümer des Fernleitungsnetzes — wenn es sich um einen Kombinationsnetzbetreiber handelt, auch der Verteilernetzbetreiber — und die übrigen Teile des Unternehmens — abgesehen von Einrichtungen rein administrativer Natur oder von IT-Diensten — keine gemeinsamen Einrichtungen wie z. B. gemeinsame Rechtsabteilungen in Anspruch nehmen.

(2) Betreiber von Fernleitungsnetzen, Speicheranlagen und/oder LNG-Anlagen dürfen wirtschaftlich sensible Informationen, die sie von Dritten im Zusammenhang mit der Gewährung des Netzzugangs oder bei Verhandlungen hierüber erhalten, beim Verkauf oder Erwerb von Erdgas durch verbundene Unternehmen nicht missbrauchen.

(3) Die für einen wirksamen Wettbewerb und das tatsächliche Funktionieren des Marktes erforderlichen Informationen werden veröffentlicht. Der Schutz wirtschaftlich sensibler Daten bleibt von dieser Verpflichtung unberührt.

KAPITEL IV

UNABHÄNGIGER FERNLEITUNGSNETZBETREIBER (ITO)

Artikel 17

Vermögenswerte, Anlagen, Personal und Unternehmensidentität

(1) Die Fernleitungsnetzbetreiber müssen über alle personellen, technischen, materiellen und finanziellen Ressourcen verfügen, die zur Erfüllung ihrer Pflichten im Rahmen dieser Richtlinie und für die Geschäftstätigkeit der Gasfernleitung erforderlich sind; hierfür gilt insbesondere Folgendes:

a) Vermögenswerte, die für die Geschäftstätigkeit der Gasfernleitung erforderlich sind, einschließlich des Fernleitungsnetzes, müssen Eigentum des Fernleitungsnetzbetreibers sein.

b) Das Personal, das für die Geschäftstätigkeit der Gasfernleitung erforderlich ist, so auch für die Erfüllung aller Aufgaben des Unternehmens, muss beim Fernleitungsnetzbetreiber angestellt sein.

c) Personalleasing und Erbringung von Dienstleistungen für bzw. durch andere Teile des vertikal integrierten Unternehmens sind untersagt. Ein Fernleitungsnetzbetreiber darf jedoch für das vertikal integrierte Unternehmen Dienstleistungen erbringen, sofern dabei

i) nicht zwischen Nutzern diskriminiert wird, die Dienstleistungen allen Nutzern unter den gleichen Vertragsbedingungen zugänglich sind und der Wettbewerb bei der Gewinnung und Lieferung nicht eingeschränkt, verzerrt oder unterbunden wird und

ii) die dafür geltenden Vertragsbedingungen von der Regulierungsbehörde genehmigt werden.

d) Unbeschadet der Entscheidungen des Aufsichtsorgans nach Artikel 20 sind dem Fernleitungsnetzbetreiber angemessene finanzielle Ressourcen für künftige Investitionsprojekte und/oder für den Ersatz vorhandener Vermögenswerte nach entsprechender Anforderung durch den Fernleitungsnetzbetreiber rechtzeitig vom vertikal integrierten Unternehmen bereitzustellen.

(2) Die Geschäftstätigkeit der Gasfernleitung beinhaltet neben den in Artikel 13 aufgeführten Aufgaben mindestens die folgenden Tätigkeiten:

a) die Vertretung des Fernleitungsnetzbetreibers und die Funktion des Ansprechpartners für Dritte und für die Regulierungsbehörden;

b) die Vertretung des Fernleitungsnetzbetreibers innerhalb des Europäischen Verbunds der Fernleitungsnetzbetreiber ("ENTSO (Gas)");

c) die Gewährung und Regelung des Zugangs Dritter nach dem Grundsatz der Nichtdiskriminierung zwischen Netzbenutzern oder Kategorien von Netzbenutzern;

d) die Erhebung aller fernleitungsnetzbezogenen Gebühren, einschließlich Zugangsentgelten, Ausgleichsentgelten für Hilfsdienste wie z. B. Gasaufbereitung, Erwerb von Leistungen (Ausgleichskosten, Energieverbrauch für Verluste);

e) den Betrieb, die Wartung und den Ausbau eines sicheren, effizienten und wirtschaftlichen Fernleitungsnetzes;

f) die Investitionsplanung zur Gewährleistung der langfristigen Fähigkeit des Netzes, eine angemessene Nachfrage zu decken, und der Versorgungssicherheit;

g) die Gründung geeigneter Gemeinschaftsunternehmen, auch mit einem oder mehreren Fernleitungsnetzbetreibern, Gasbörsen und anderen relevanten Akteuren, mit dem Ziel, die Schaffung von Regionalmärkten zu fördern oder den Prozess der Liberalisierung zu erleichtern, und

h) alle unternehmensspezifischen Einrichtungen und Leistungen, unter anderem Rechtsabteilung, Buchhaltung und IT-Dienste.

(3) Für Fernleitungsnetzbetreiber gelten die in Artikel 1der Richtlinie 68/151/EWG des Rates [18] genannten Rechtsformen.

(4) Fernleitungsnetzbetreiber müssen in Bezug auf ihre Unternehmensidentität, ihre Kommunikation, ihre Markenpolitik sowie ihre Geschäftsräume dafür Sorge tragen, dass eine Verwechslung mit der eigenen Identität des vertikal integrierten Unternehmens oder irgendeines Teils davon ausgeschlossen ist.

(5) Fernleitungsnetzbetreiber unterlassen die gemeinsame Nutzung von IT-Systemen oder - ausrüstung, Liegenschaften und Zugangskontrollsystemen mit jeglichem Unternehmensteil vertikal integrierter Unternehmen und gewährleisten, dass sie in Bezug auf IT-Systeme oder - ausrüstung und Zugangskontrollsysteme nicht mit denselben Beratern und externen Auftragnehmern zusammenarbeiten.

(6) Die Rechnungslegung von Fernleitungsnetzbetreibern ist von anderen Wirtschaftsprüfern als denen, die die Rechnungsprüfung beim vertikal integrierten Unternehmen oder bei dessen Unternehmensteilen vornehmen, zu prüfen.

Artikel 18

Unabhängigkeit des Fernleitungsnetzbetreibers

(1) Unbeschadet der Entscheidungen des Aufsichtsorgans nach Artikel 20 muss der Fernleitungsnetzbetreiber

a) in Bezug auf Vermögenswerte oder Ressourcen, die für den Betrieb, die Wartung und den Ausbau des Fernleitungsnetzes erforderlich sind, wirksame Entscheidungsbefugnisse haben, die er unabhängig von dem vertikal integrierten Unternehmen ausübt, und

b) die Befugnis haben, Geld auf dem Kapitalmarkt insbesondere durch Aufnahme von Darlehen oder Kapitalerhöhung zu beschaffen.

(2) Der Fernleitungsnetzbetreiber stellt sicher, dass er jederzeit über die Mittel verfügt, die er benötigt, um das Fernleitungsgeschäft ordnungsgemäß und effizient zu führen und um ein leistungsfähiges, sicheres und wirtschaftliches Fernleitungsnetz aufzubauen und aufrechtzuerhalten.

(3) Tochterunternehmen des vertikal integrierten Unternehmens, die die Funktionen Gewinnung oder Versorgung wahrnehmen, dürfen weder direkt noch indirekt Anteile am Unternehmen des Fernleitungsnetzbetreibers halten. Der Fernleitungsnetzbetreiber darf weder direkt noch indirekt Anteile an Tochterunternehmen des vertikal integrierten Unternehmens, die die Funktionen Gewinnung oder Versorgung wahrnehmen, halten und darf keine Dividenden oder andere finanzielle Zuwendungen von diesen Tochterunternehmen erhalten.

(4) Die gesamte Verwaltungsstruktur und die Unternehmenssatzung des Fernleitungsnetzbetreibers gewährleisten seine tatsächliche Unabhängigkeit gemäß diesem Kapitel. Dasvertikal integrierte Unternehmen darf das Wettbewerbsverhalten des Fernleitungsnetzbetreibers in Bezug auf dessen laufende Geschäfte und die Netzverwaltung oder in Bezug auf die notwendigen Tätigkeiten zur Aufstellung des zehnjährigen Netzentwicklungsplans gemäß Artikel 22 weder direkt noch indirekt beeinflussen.

(5) Fernleitungsnetzbetreiber gewährleisten bei der Wahrnehmung ihrer Aufgaben nach Artikel 13 und Artikel 17 Absatz 2 der vorliegenden Richtlinie und bei der Einhaltung von Artikel 13 Absatz 1, Artikel 14 Absatz 1 Buchstabe a, Artikel 16 Absätze 2, 3 und 5, Artikel 18 Absatz 6 und Artikel 21 Absatz 1 der Verordnung (EG) Nr. 715/2009, dass sie weder Personen noch Körperschaften diskriminieren und dass sie den Wettbewerb bei der Gewinnung und Lieferung nicht einschränken, verzerren oder unterbinden.

(6) Für die kommerziellen und finanziellen Beziehungen zwischen dem vertikal integrierten Unternehmen und dem Fernleitungsnetzbetreiber, einschließlich der Gewährung von Krediten durch den Fernleitungsnetzbetreiber an das vertikal integrierte Unternehmen, sind die marktüblichen Bedingungen einzuhalten. Der Fernleitungsnetzbetreiber führt ausführliche Aufzeichnungen über diese kommerziellen und finanziellen Beziehungen und stellt sie der Regulierungsbehörde auf Verlangen zur Verfügung.

(7) Der Fernleitungsnetzbetreiber legt der Regulierungsbehörde sämtliche kommerziellen und finanziellen Vereinbarungen mit dem vertikal integrierten Unternehmen zur Genehmigung vor.

(8) Der Fernleitungsnetzbetreiber meldet der Regulierungsbehörde die Finanzmittel gemäß Artikel 17 Absatz 1 Buchstabe d, die ihm für künftige Investitionsprojekte und/oder für den Ersatz vorhandener Vermögenswerte und Ressourcen zur Verfügung stehen.

(9) Das vertikal integrierte Unternehmen unterlässt jede Handlung, die die Erfüllung der Verpflichtungen des Fernleitungsnetzbetreibers nach diesem Kapitel behindern oder gefährden würde, und verlangt vom Fernleitungsnetzbetreiber nicht, bei der Erfüllung dieser Verpflichtungen die Zustimmung des vertikal integrierten Unternehmens einzuholen.

(10) Unternehmen, denen von der Regulierungsbehörde bescheinigt wurde, dass sie den Anforderungen dieses Kapitels genügen, werden von den betreffenden Mitgliedstaaten zugelassen und als Fernleitungsnetzbetreiber benannt. Es gilt das Zertifizierungsverfahren des Artikels 10 der vorliegenden Richtlinie und des Artikels 3 der Verordnung (EG) Nr. 715/2009 oder des Artikels 11 der vorliegenden Richtlinie.

Artikel 19

Unabhängigkeit des Personals und der Unternehmensleitung des Fernleitungsnetzbetreibers

(1) Entscheidungen, die Ernennungen, Wiederernennungen, Beschäftigungsbedingungen einschließlich Vergütung und Vertragsbeendigung für Personen der Unternehmensleitung und/oder Mitglieder der Verwaltungsorgane des Fernleitungsnetzbetreibers betreffen, werden von dem gemäß Artikel 20 ernannten Aufsichtsorgan des Fernleitungsnetzbetreibers getroffen.

(2) Die Namen und die Regelungen in Bezug auf Funktion, Vertragslaufzeit und -beendigung für Personen, die vom Aufsichtsorgan als Personen der obersten Unternehmensleitung und/oder Mitglieder der Verwaltungsorgane des Fernleitungsnetzbetreibers ernannt oder wiederernannt werden, und die Gründe für vorgeschlagene Entscheidungen zur Vertragsbeendigung sind der Regulierungsbehörde mitzuteilen. Die in Absatz 1 genannten Regelungen und Entscheidungen werden erst verbindlich, wenn die Regulierungsbehörde innerhalb von drei Wochen nach der Mitteilung keine Einwände erhebt.

Die Regulierungsbehörde kann Einwände gegen die in Absatz 1 genannte Entscheidung erheben,

a) wenn Zweifel an der beruflichen Unabhängigkeit einer ernannten Person der Unternehmensleitung und/oder eines ernannten Mitglieds der Verwaltungsorgane bestehen oder

b) wenn Zweifel an der Berechtigung einer vorzeitigen Vertragsbeendigung bestehen.

(3) Es dürfen in den letzten drei Jahren vor einer Ernennung von Personen der Unternehmensleitung und/oder Mitglieder der Verwaltungsorgane des Fernleitungsnetzbetreibers, die diesem Absatz unterliegen, bei dem vertikal integrierten Unternehmen, einem seiner Unternehmensteile oder bei anderen Mehrheitsanteilseignern als dem Fernleitungsnetzbetreiber weder direkt noch indirekt berufliche Positionen bekleidet oder berufliche Aufgaben wahrgenommen noch Interessens- oder Geschäftsbeziehungen zu ihnen unterhalten werden.

(4) Die Personen der Unternehmensleitung und/oder Mitglieder der Verwaltungsorgane und die Beschäftigten des Fernleitungsnetzbetreibers dürfen bei anderen Unternehmensteilen des vertikal integrierten Unternehmens oder bei deren Mehrheitsanteilseignern weder direkt noch indirekt berufliche Positionen bekleiden oder berufliche Aufgaben wahrnehmen oder Interessens- oder Geschäftsbeziehungen zu ihnen unterhalten.

(5) Die Personen der Unternehmensleitung und/oder Mitglieder der Verwaltungsorgane und die Beschäftigten des Fernleitungsnetzbetreibers dürfen — mit Ausnahme des Fernleitungsnetzbetreibers — weder direkt noch indirekt Beteiligungen an Unternehmensteilen des vertikal integrierten Unternehmens halten noch finanzielle Zuwendungen von diesen erhalten. Ihre Vergütung darf nicht an die Tätigkeiten oder Betriebsergebnisse des vertikal integrierten Unternehmens, soweit sie nicht den Fernleitungsnetzbetreiber betreffen, gebunden sein.

(6) Im Falle von Beschwerden von Personen der Unternehmensleitung und/oder Mitgliedern der Verwaltungsorgane des Fernleitungsnetzbetreibers gegen vorzeitige Vertragsbeendigung ist die effektive Einlegung von Rechtsmitteln bei der Regulierungsbehörde zu gewährleisten.

(7) Nach Beendigung des Vertragsverhältnisses zum Fernleitungsnetzbetreiber dürfen Personen der Unternehmensleitung und/oder Mitgliedern der Verwaltungsorgane für mindestens vier Jahre bei anderen Unternehmensteilen des vertikal integrierten Unternehmens als dem Fernleitungsnetzbetreiber oder bei deren Mehrheitsanteilseignern keine beruflichen Positionen bekleiden oder berufliche Aufgaben wahrnehmen oder Interessens- oder Geschäftsbeziehungen zu ihnen unterhalten.

(8) Absatz 3 gilt für die Mehrheit der Angehörigen der Unternehmensleitung und/oder Mitglieder der Verwaltungsorgane des Fernleitungsnetzbetreibers.

Die Angehörigen der Unternehmensleitung und/oder Mitglieder der Verwaltungsorgane des Fernleitungsnetzbetreibers, für die Absatz 3 nicht gilt, dürfen in den letzten sechs Monaten vor ihrer Ernennung bei dem vertikal integrierten Unternehmen keine Führungstätigkeit oder andere einschlägige Tätigkeit ausgeübt haben.

Unterabsatz 1 sowie die Absätze 4 bis 7 finden Anwendung auf alle Personen, die der obersten Unternehmensleitung angehören, sowie auf die ihnen unmittelbar unterstellten Personen, die mit dem Betrieb, der Wartung oder der Entwicklung des Netzes befasst sind.

Artikel 20

Aufsichtsorgan

(1) Der Fernleitungsnetzbetreiber verfügt über ein Aufsichtsorgan, dessen Aufgabe es ist, Entscheidungen, die von erheblichem Einfluss auf den Wert der Vermögenswerte der Anteilseigner beim Fernleitungsnetzbetreiber sind, insbesondere Entscheidungen im Zusammenhang mit der Genehmigung der jährlichen und der langfristigen Finanzpläne, der Höhe der Verschuldung des Fernleitungsnetzbetreibers und der Höhe der an die Anteilseigner auszuzahlenden Dividenden, zu treffen. Das Aufsichtsorgan hat keine Entscheidungsbefugnis in Bezug auf die laufenden Geschäfte des Fernleitungsnetzbetreibers und die Netzverwaltung und in Bezug auf die notwendigen Tätigkeiten zur Aufstellung des zehnjährigen Netzentwicklungsplans gemäß Artikel 22.

(2) Das Aufsichtsorgan besteht aus Vertretern des vertikal integrierten Unternehmens, Vertretern von dritten Anteilseignern und, sofern die einschlägigen Rechtsvorschriften eines Mitgliedstaats dies vorsehen, Vertretern anderer Interessengruppen wie z. B. der Beschäftigten des Fernleitungsnetzbetreibers.

(3) Artikel 19 Absatz 2 Unterabsatz 1 sowie Artikel 19 Absätze 3 bis 7 finden auf zumindest die Hälfte der Mitglieder des Aufsichtsorgans abzüglich ein Mitglied Anwendung.

Artikel 19 Absatz 2 Unterabsatz 2 Buchstabe b findet auf alle Mitglieder des Aufsichtsorgans Anwendung.

Artikel 21

Gleichbehandlungsprogramm und Gleichbehandlungsbeauftragter

(1) Die Mitgliedstaaten stellen sicher, dass die Fernleitungsnetzbetreiber ein Gleichbehandlungsprogramm aufstellen und durchführen, in dem die Maßnahmen aufgeführt sind, mit denen sichergestellt wird, dass diskriminierende Verhaltensweisen ausgeschlossen werden und die Einhaltung des Programms angemessen überwacht wird. In dem Gleichbehandlungsprogramm ist festgelegt, welche besonderen Pflichten die Mitarbeiter im Hinblick auf die Erreichung dieser Ziele haben. Das Programm bedarf der Genehmigung durch die Regulierungsbehörde. Die Einhaltung des Programms wird unbeschadet der Befugnisse der nationalen Regulierungsbehörde von einem Gleichbehandlungsbeauftragten unabhängig kontrolliert.

(2) Der Gleichbehandlungsbeauftragte wird vom Aufsichtsorgan ernannt, vorbehaltlich der Bestätigung durch die Regulierungsbehörde. Die Regulierungsbehörde kann der Ernennung des Gleichbehandlungsbeauftragten ihre Bestätigung nur aus Gründen mangelnder Unabhängigkeit oder mangelnder fachlicher Eignung verweigern. Der Gleichbehandlungsbeauftragte kann eine natürliche oder juristische Person sein. Artikel 19 Absätze 2 bis 8 findet auf den Gleichbehandlungsbeauftragten Anwendung.

(3) Die Aufgaben des Gleichbehandlungsbeauftragten sind:

a) fortlaufende Kontrolle der Durchführung des Gleichbehandlungsprogramms;

b) Erarbeitung eines Jahresberichts, in dem die Maßnahmen zur Durchführung des Gleichbehandlungsprogramms dargelegt werden, und dessen Übermittlung an die Regulierungsbehörde;

c) Berichterstattung an das Aufsichtsorgan und Abgabe von Empfehlungen zum Gleichbehandlungsprogramm und seiner Durchführung;

d) Unterrichtung der Regulierungsbehörde über erhebliche Verstöße bei der Durchführung des Gleichbehandlungsprogramms, und

e) Berichterstattung an die Regulierungsbehörde über kommerzielle und finanzielle Beziehungen zwischen dem vertikal integrierten Unternehmen und dem Fernleitungsnetzbetreiber.

(4) Der Gleichbehandlungsbeauftragte übermittelt die vorgeschlagenen Entscheidungen zum Investitionsplan oder zu Einzelinvestitionen im Netz an die Regulierungsbehörde. Dies erfolgt spätestens dann, wenn die Unternehmensleitung und/oder das zuständige Verwaltungsorgan des Fernleitungsnetzbetreibers diese Unterlagen dem Aufsichtsorgan zuleitet.

(5) Hat das vertikal integrierte Unternehmen in der Hauptversammlung oder durch ein Votum der von ihm ernannten Mitglieder des Aufsichtsorgans die Annahme eines Beschlusses verhindert, wodurch Netzinvestitionen, die nach dem zehnjährigen Netzentwicklungsplan in den folgenden drei Jahren durchgeführt werden sollten, unterbunden oder hinausgezögert werden, so meldet der Gleichbehandlungsbeauftragte dies der Regulierungsbehörde, die dann gemäß Artikel 22 tätig wird.

(6) Die Regelungen zum Mandat und zu den Beschäftigungsbedingungen des Gleichbehandlungsbeauftragten, einschließlich der Dauer seines Mandats, bedürfen der Genehmigung durch die Regulierungsbehörde. Diese Regelungen müssen die Unabhängigkeit des Gleichbehandlungsbeauftragten gewährleisten und entsprechend sicherstellen, dass ihm die zur Erfüllung seiner Aufgaben erforderlichen Ressourcen zur Verfügung stehen. Der Gleichbehandlungsbeauftragte darf während der Laufzeit seines Mandats bei Unternehmensteilen des vertikal integrierten Unternehmens oder deren Mehrheitsanteilseignern weder direkt noch indirekt berufliche Positionen bekleiden oder berufliche Aufgaben wahrnehmen oder Interessensbeziehungen zu ihnen unterhalten.

(7) Der Gleichbehandlungsbeauftragte erstattet der Regulierungsbehörde regelmäßig mündlich oder schriftlich Bericht und ist befugt, dem Aufsichtsorgan des Fernleitungsnetzbetreibers regelmäßig mündlich oder schriftlich Bericht zu erstatten.

(8) Der Gleichbehandlungsbeauftragte ist berechtigt, an allen Sitzungen der Unternehmensleitung oder der Verwaltungsorgane des Fernleitungsnetzbetreibers sowie des Aufsichtsorgans und der Hauptversammlung teilzunehmen. Der Gleichbehandlungsbeauftragte nimmt an allen Sitzungen teil, in denen folgende Fragen behandelt werden:

a) Netzzugangsbedingungen nach Maßgabe der Verordnung (EG) Nr. 715/2009, insbesondere Tarife, Leistungen im Zusammenhang mit dem Zugang Dritter, Kapazitätszuweisung und Engpassmanagement, Transparenz, Ausgleich und Sekundärmärkte;

b) Projekte für den Betrieb, die Wartung und den Ausbau des Fernleitungsnetzes, einschließlich der Investitionen in neue Transportverbindungen, in die Kapazitätsausweitung und in die Optimierung der vorhandenen Kapazität;

c) Verkauf oder Erwerb von Energie für den Betrieb des Fernleitungsnetzes.

(9) Der Gleichbehandlungsbeauftragte kontrolliert die Einhaltung des Artikels 16 durch den Fernleitungsnetzbetreiber.

(10) Der Gleichbehandlungsbeauftragte hat Zugang zu allen einschlägigen Daten und zu den Geschäftsräumen des Fernleitungsnetzbetreibers sowie zu allen Informationen, die er zur Erfüllung seiner Aufgaben benötigt.

(11) Nach vorheriger Zustimmung der Regulierungsbehörde kann das Aufsichtsorgan den Gleichbehandlungsbeauftragten abberufen. Die Abberufung erfolgt auf Verlangen der Regulierungsbehörde aus Gründen mangelnder Unabhängigkeit oder mangelnder fachlicher Eignung.

(12) Der Gleichbehandlungsbeauftragte erhält ohne Vorankündigung Zugang zu den Geschäftsräumen des Fernleitungsnetzbetreibers.

Artikel 22

Netzausbau und Befugnis zum Erlass von Investitionsentscheidungen

(1) Die Fernleitungsnetzbetreiber legen der Regulierungsbehörde jedes Jahr nach Konsultation aller einschlägigen Interessenträger einen zehnjährigen Netzentwicklungsplan vor, der sich auf die derzeitige Lage und die Prognosen im Bereich von Angebot und Nachfrage stützt. Der Netzentwicklungsplan enthält wirksame Maßnahmen zur Gewährleistung der Angemessenheit des Netzes und der Versorgungssicherheit.

(2) Zweck des zehnjährigen Netzentwicklungsplans ist es insbesondere,

a) den Marktteilnehmern Angaben darüber zu liefern, welche wichtigen Übertragungsinfrastrukturen in den nächsten zehn Jahren errichtet oder ausgebaut werden müssen;

b) alle bereits beschlossenen Investitionen aufzulisten und die neuen Investitionen zu bestimmen, die in den nächsten zehn Jahren durchgeführt werden müssen, und

c) einen Zeitplan für alle Investitionsprojekte vorzugeben.

(3) Bei der Erarbeitung des zehnjährigen Netzentwicklungsplans legt der Fernleitungsnetzbetreiber angemessene Annahmen über die Entwicklung der Gewinnung, der Versorgung, des Verbrauchs und des Gasaustauschs mit anderen Ländern unter Berücksichtigung der Investitionspläne für regionale und gemeinschaftsweite Netze sowie der Investitionspläne für Speicheranlagen und LNG-Wiederverdampfungsanlagen zugrunde.

(4) Die Regulierungsbehörde führt offene und transparente Konsultationen zum zehnjährigen Netzentwicklungsplan mit allen tatsächlichen und potenziellen Netzbenutzern durch. Personen und Unternehmen, die den Status potenzieller Netzbenutzer beanspruchen, müssen diesen Anspruch belegen. Die Regulierungsbehörde veröffentlicht das Ergebnis der Konsultationen und verweist dabei insbesondere auf etwaigen Investitionsbedarf.

(5) Die Regulierungsbehörde prüft, ob der zehnjährige Netzentwicklungsplan den gesamten im Zuge der Konsultationen ermittelten Investitionsbedarf erfasst und ob die Kohärenz mit dem gemeinschaftsweit geltenden nicht bindenden zehnjährigen Netzentwicklungsplan ("gemeinschaftsweiter Netzentwicklungsplan") gemäß Artikel 8 Absatz 3 Buchstabe b der Verordnung (EG) Nr. 715/2009 gewahrt ist. Bestehen Zweifel an der Kohärenz mit dem gemeinschaftsweit geltenden nicht bindenden zehnjährigen Netzentwicklungsplan, so konsultiert die Regulierungsbehörde die Agentur. Die Regulierungsbehörde kann vom Fernleitungsnetzbetreiber die Änderung seines zehnjährigen Netzentwicklungsplans verlangen.

(6) Die Regulierungsbehörde überwacht und evaluiert die Durchführung des zehnjährigen Netzentwicklungsplans.

(7) Hat der Fernleitungsnetzbetreiber aus Gründen, die keine zwingenden, von ihm nicht zu beeinflussenden Gründe darstellen, eine Investition, die nach dem zehnjährigen Netzentwicklungsplan in den folgenden drei Jahren durchgeführt werden musste, nicht durchgeführt, so stellen die Mitgliedstaaten sicher, dass die Regulierungsbehörde verpflichtet ist, mindestens eine der folgenden Maßnahmen zu ergreifen, um die Durchführung der

betreffenden Investition zu gewährleisten, sofern die Investition unter Zugrundelegung des jüngsten zehnjährigen Netzentwicklungsplans noch relevant ist:

a) Sie fordert den Fernleitungsnetzbetreiber zur Durchführung der betreffenden Investition auf, oder

b) sie leitet ein Ausschreibungsverfahren zur Durchführung der betreffenden Investition ein, das allen Investoren offen steht, oder

c) sie verpflichtet den Fernleitungsnetzbetreiber, einer Kapitalaufstockung im Hinblick auf die Finanzierung der notwendigen Investitionen zuzustimmen und unabhängigen Investoren eine Kapitalbeteiligung zu ermöglichen.

Macht die Regulierungsbehörde von ihren Befugnissen gemäß Unterabsatz 1 Buchstabe b Gebrauch, so kann sie den Fernleitungsnetzbetreiber dazu verpflichten, eine oder mehrere der folgenden Maßnahmen zu akzeptieren:

a) Finanzierung durch Dritte;

b) Errichtung durch Dritte;

c) Errichtung der betreffenden neuen Anlagen durch diesen selbst;

d) Betrieb der betreffenden neuen Anlagen durch diesen selbst.

Der Fernleitungsnetzbetreiber stellt den Investoren alle erforderlichen Unterlagen für die Durchführung der Investition zur Verfügung, stellt den Anschluss der neuen Anlagen an das Fernleitungsnetz her und unternimmt alles, um die Durchführung des Investitionsprojekts zu erleichtern.

Die einschlägigen Finanzierungsvereinbarungen bedürfen der Genehmigung durch die Regulierungsbehörde.

(8) Macht die Regulierungsbehörde von ihren Befugnissen gemäß Absatz 7 Unterabsatz 1 Gebrauch, so werden die Kosten der betreffenden Investitionen durch die einschlägigen Tarifregelungen gedeckt.

Artikel 23

Entscheidungsbefugnisse bezüglich des Anschlusses von Speicheranlagen, LNG-Wiederverdampfungsanlagen und Industriekunden an das Fernleitungsnetz

(1) Die Fernleitungsnetzbetreiber sind verpflichtet, transparente und effiziente Verfahren und Tarife für den nichtdiskriminierenden Anschluss von Speicheranlagen, LNG-Wiederverdampfungsanlagen und Industriekunden an das Fernleitungsnetz festzulegen und zu veröffentlichen. Die Verfahren bedürfen der Genehmigung durch die Regulierungsbehörden.

(2) Die Fernleitungsnetzbetreiber haben nicht das Recht, den Anschluss von neuen Speicheranlagen, LNG-Wiederverdampfungsanlagen und Industriekunden unter Berufung auf mögliche künftige Einschränkungen der verfügbaren Netzkapazitäten oder auf zusätzliche Kosten im Zusammenhang mit der notwendigen Kapazitätsaufstockung abzulehnen. Der

Fernleitungsnetzbetreiber gewährleistet für den neuen Anschluss eine ausreichende Einspeise- und Ausspeisekapazität.

KAPITEL V

VERTEILUNG UND VERSORGUNG

Artikel 24

Benennung von Verteilernetzbetreibern

Die Mitgliedstaaten oder von diesen dazu aufgeforderte Unternehmen, die Eigentümer von Verteilernetzen sind oder die für sie verantwortlich sind, benennen für einen Zeitraum, den die Mitgliedstaaten unter Effizienzerwägungen und unter Berücksichtigung des wirtschaftlichen Gleichgewichts festlegen, einen oder mehrere Verteilernetzbetreiber und gewährleisten, dass diese Betreiber die Artikel 25, 26 und 27 einhalten.

Artikel 25

Aufgaben der Verteilernetzbetreiber

(1) Jeder Verteilernetzbetreiber trägt die Verantwortung dafür, auf lange Sicht die Fähigkeit des Netzes sicherzustellen, eine angemessene Nachfrage nach Verteilung von Erdgas zu befriedigen sowie unter wirtschaftlichen Bedingungen und unter gebührender Beachtung des Umweltschutzes und der Energieeffizienz in seinem Gebiet ein sicheres, zuverlässiges und leistungsfähiges Netz zu betreiben, zu warten und auszubauen.

(2) Der Verteilernetzbetreiber hat sich jeglicher Diskriminierung von Netzbenutzern oder Kategorien von Netzbenutzern, insbesondere zugunsten der mit ihm verbundenen Unternehmen, zu enthalten.

(3) Jeder Verteilernetzbetreiber hat jedem anderen Betreiber eines Verteilernetzes, eines Fernleitungsnetzes, einer LNG-Anlage und/oder einer Speicheranlage ausreichende Informationen zu liefern, um zu gewährleisten, dass der Transport und die Speicherung von Erdgas in einer mit dem sicheren und effizienten Betrieb des Verbundnetzes zu vereinbarenden Weise erfolgt.

(4) Der Verteilernetzbetreiber stellt den Netzbenutzern die Informationen bereit, die sie für einen effizienten Netzzugang einschließlich der Nutzung des Netzes benötigen.

(5) Sofern einem Verteilernetzbetreiber der Ausgleich des Erdgasverteilernetzes obliegt, müssen die von ihm zu diesem Zweck festgelegten Regelungen objektiv, transparent und nichtdiskriminierend sein, einschließlich der Regelungen über die von den Netzbenutzern für Energieungleichgewichte zu zahlenden Entgelte. Die Bedingungen für die Erbringung dieser Leistungen durch die Netzbetreiber einschließlich Regelungen und Tarife werden gemäß einem mit Artikel 41 Absatz 6 zu vereinbarenden Verfahren in nichtdiskriminierender Weise und kostenorientiert festgelegt und veröffentlicht.

Artikel 26

Entflechtung von Verteilernetzbetreibern

(1) Gehört der Verteilernetzbetreiber zu einem vertikal integrierten Unternehmen, so muss er zumindest hinsichtlich seiner Rechtsform, Organisation und Entscheidungsgewalt unabhängig von den übrigen Tätigkeitsbereichen sein, die nicht mit der Verteilung zusammenhängen. Diese Bestimmungen begründen keine Verpflichtung, eine Trennung in Bezug auf das Eigentum des vertikal integrierten Unternehmens an Vermögenswerten des Verteilernetzes vorzunehmen.

(2) Gehört der Verteilernetzbetreiber zu einem vertikal integrierten Unternehmen, so muss er zusätzlich zu den Anforderungen des Absatzes 1 hinsichtlich seiner Organisation und Entscheidungsgewalt unabhängig von den übrigen Tätigkeitsbereichen sein, die nicht mit der Verteilung zusammenhängen. Um dies zu erreichen, sind die folgenden Mindestkriterien anzuwenden:

a) In einem integrierten Erdgasunternehmen dürfen die für die Leitung des Verteilernetzbetreibers zuständigen Personen nicht betrieblichen Einrichtungen des integrierten Erdgasunternehmens angehören, die direkt oder indirekt für den laufenden Betrieb in den Bereichen Erdgasgewinnung, -übertragung und -versorgung zuständig sind;

b) Es sind geeignete Maßnahmen zu treffen, damit die berufsbedingten Interessen der für die Leitung des Verteilernetzbetreibers zuständigen Personen so berücksichtigt werden, dass ihre Handlungsunabhängigkeit gewährleistet ist.

c) Der Verteilernetzbetreiber hat in Bezug auf Vermögenswerte, die für den Betrieb, die Wartung oder den Ausbau des Netzes erforderlich sind, tatsächliche Entscheidungsbefugnisse, die er unabhängig von dem integrierten Erdgasunternehmen ausübt. Um diese Aufgaben erfüllen zu können, muss der Verteilernetzbetreiber über die erforderlichen Ressourcen, einschließlich personeller, technischer, materieller und finanzieller Ressourcen, verfügen. Dies sollte geeigneten Koordinierungsmechanismen nicht entgegenstehen, mit denen sichergestellt wird, dass die wirtschaftlichen Befugnisse des Mutterunternehmens und seine Aufsichtsrechte über das Management im Hinblick auf die — gemäß Artikel 41 Absatz 6 indirekt geregelte — Rentabilität eines Tochterunternehmens geschützt werden. Dies ermöglicht es dem Mutterunternehmen insbesondere, den jährlichen Finanzplan oder ein gleichwertiges Instrument des Verteilernetzbetreibers zu genehmigen und generelle Grenzen für die Verschuldung seines Tochterunternehmens festzulegen. Dies erlaubt es dem Mutterunternehmen nicht, Weisungen bezüglich des laufenden Betriebs oder einzelner Entscheidungen über den Bau oder die Modernisierung von Verteilerleitungen zu erteilen, die über den Rahmen des genehmigten Finanzplans oder eines gleichwertigen Instruments nicht hinausgehen, und

d) der Verteilernetzbetreiber stellt ein Gleichbehandlungsprogramm auf, aus dem hervorgehen muss, welche Maßnahmen zum Ausschluss diskriminierenden Verhaltens getroffen werden, und gewährleistet die ausreichende Beobachtung der Einhaltung dieses Programms. In dem Gleichbehandlungsprogramm ist festgelegt, welche besonderen Pflichten die Mitarbeiter im Hinblick auf die Erreichung dieses Ziels haben. Die für die Beobachtung des Gleichbehandlungsprogramms zuständige Person oder Stelle, der Gleichbehandlungsbeauftragte des Verteilernetzbetreibers, legt der in Artikel 39 Absatz 1 genannten Regulierungsbehörde jährlich einen Bericht über die getroffenen Maßnahmen vor, der veröffentlicht wird. Der Gleichbehandlungsbeauftragte des Verteilernetzbetreibers ist völlig unabhängig und hat Zugang zu allen Informationen, über die der Verteilernetzbetreiber und etwaige verbundene Unternehmen verfügen und die der Gleichbehandlungsbeauftragte benötigt, um seine Aufgabe zu erfüllen.

(3) Ist der Verteilernetzbetreiber Teil eines vertikal integrierten Unternehmens, stellen die Mitgliedstaaten sicher, dass die Tätigkeiten des Verteilernetzbetreibers von den Regulierungsbehörden oder sonstigen zuständigen Stellen beobachtet werden, so dass er diesen Umstand nicht zur Verzerrung des Wettbewerbs nutzen kann. Insbesondere müssen vertikal integrierte Verteilernetzbetreiber in ihren Kommunikations- und Branding-Aktivitäten dafür Sorge tragen, dass eine Verwechslung in Bezug auf die eigene Identität der Versorgungssparte des vertikal integrierten Unternehmens ausgeschlossen ist.

(4) Die Mitgliedstaaten können beschließen, die Absätze 1, 2 und 3 nicht auf integrierte Erdgasunternehmen anzuwenden, die weniger als 100000 angeschlossene Kunden beliefern.

Artikel 27

Vertraulichkeitspflichten von Verteilernetzbetreibern

(1) Unbeschadet des Artikels 30 oder sonstiger gesetzlicher Verpflichtungen zur Offenlegung von Informationen wahrt der Verteilernetzbetreiber die Vertraulichkeit wirtschaftlich sensibler Informationen, von denen er bei der Ausübung seiner Geschäftstätigkeit Kenntnis erlangt, und verhindert, dass Informationen über seine eigenen Tätigkeiten, die wirtschaftliche Vorteile bringen können, in diskriminierender Weise offen gelegt werden.

(2) Verteilernetzbetreiber dürfen wirtschaftlich sensible Informationen, die sie von Dritten im Zusammenhang mit der Gewährung eines Netzzugangs oder mit Verhandlungen hierüber erhalten, beim Verkauf oder Erwerb von Erdgas durch verbundene Unternehmen nicht missbrauchen.

Artikel 28

Geschlossene Verteilernetze

(1) Die Mitgliedstaaten können veranlassen, dass ein Netz, über das in einem begrenzten Industrie- oder Gewerbegebiet oder einem Gebiet, in dem Leistungen gemeinsam genutzt werden, Erdgas verteilt wird, wobei — unbeschadet des Absatzes 4 — keine Haushaltskunden versorgt werden, von den nationalen Regulierungsbehörden oder sonstigen zuständigen Behörden als geschlossenes Netz eingestuft wird, wenn

a) die Tätigkeiten oder Produktionsverfahren der Benutzer dieses Netzes aus konkreten technischen oder sicherheitstechnischen Gründen verknüpft sind, oder

b) Erdgas über das Netz in erster Linie an den Netzeigentümer oder -betreiber oder an von dem Netzeigentümer oder -betreiber abhängige Unternehmen verteilt wird.

(2) Die Mitgliedstaaten können veranlassen, dass die nationalen Regulierungsbehörden den Betreiber eines geschlossenen Verteilernetzes von der Verpflichtung gemäß Artikel 32 Absatz 1 freistellen, wonach Tarife oder die Methoden zu ihrer Berechnung vor dem Inkrafttreten der Tarife gemäß Artikel 41 genehmigt werden.

(3) Wenn eine Freistellung nach Absatz 2 gewährt wird, werden die geltenden Tarife oder die Methoden zu ihrer Berechnung auf Verlangen eines Benutzers des geschlossenen Verteilernetzes gemäß Artikel 41 überprüft und genehmigt.

(4) Die gelegentliche Nutzung des Verteilernetzes durch eine geringe Anzahl von Haushalten, deren Personen ein Beschäftigungsverhältnis oder vergleichbare Beziehungen zum Eigentümer des Verteilernetzes unterhalten und die sich in dem durch ein geschlossenes Verteilernetz versorgten Gebiet befinden, steht der Gewährung der Freistellung nach Absatz 2 nicht entgegen.

Artikel 29

Kombinationsnetzbetreiber

Artikel 26 Absatz 1 steht dem gleichzeitigen Betrieb eines Fernleitungsnetzes, einer LNG-Anlage, einer Speicheranlage und eines Verteilernetzes durch einen Betreiber nicht entgegen, sofern dieser Betreiber Artikel 9 Absatz 1 oder die Artikel 14 und 15 oder die Vorschriften des Kapitels IV, einhält oder in den Anwendungsbereich des Artikels 49 Absatz 6 fällt.

KAPITEL VI

ENTFLECHTUNG UND TRANSPARENZ DER RECHNUNGSLEGUNG

Artikel 30

Recht auf Einsichtnahme in die Rechnungslegung

(1) Die Mitgliedstaaten oder jede von ihnen benannte zuständige Behörde, einschließlich der in Artikel 39 Absatz 1 genannten Regulierungsbehörden und der in Artikel 34 Absatz 3 genannten Stellen zur Beilegung von Streitigkeiten, haben, soweit dies zur Wahrnehmung ihrer Aufgaben erforderlich ist, das Recht auf Einsichtnahme in die in Artikel 31 genannte Rechnungslegung der Erdgasunternehmen.

(2) Die Mitgliedstaaten und die von ihnen benannten zuständigen Behörden, einschließlich der in Artikel 39 Absatz 1 genannten Regulierungsbehörden und der Stellen zur Beilegung von Streitigkeiten, wahren die Vertraulichkeit wirtschaftlich sensibler Informationen. Die Mitgliedstaaten können die Offenlegung derartiger Informationen vorsehen, wenn dies zur Wahrnehmung der Aufgaben der zuständigen Behörden erforderlich ist.

Artikel 31

Entflechtung der Rechnungslegung

(1) Die Mitgliedstaaten treffen die erforderlichen Maßnahmen, um sicherzustellen, dass die Rechnungslegung der Erdgasunternehmen gemäß den Absätzen 2 bis 5 des vorliegenden Artikels erfolgt. Erdgasunternehmen, die aufgrund von Artikel 49 Absätze 2 und 4 von dieser Bestimmung ausgenommen sind, haben zumindest ihre interne Rechnungslegung in Übereinstimmung mit diesem Artikel zu führen.

(2) Ungeachtet ihrer Eigentumsverhältnisse oder ihrer Rechtsform erstellen und veröffentlichen die Erdgasunternehmen ihre Jahresabschlüsse und lassen diese überprüfen,

und zwar gemäß den nationalen Rechtsvorschriften über die Jahresabschlüsse von Gesellschaften, die im Rahmen der Vierten Richtlinie 78/660/EWG des Rates vom 25. Juli 1978 aufgrund von Artikel 44 Absatz 2 Buchstabe g [] des Vertrags über den Jahresabschluss von Gesellschaften bestimmter Rechtsformen [20] erlassen worden sind

Unternehmen, die zur Veröffentlichung ihrer Jahresabschlüsse gesetzlich nicht verpflichtet sind, halten in ihrer Hauptverwaltung eine Ausfertigung ihres Jahresabschlusses für die Öffentlichkeit zur Verfügung.

(3) Zur Vermeidung von Diskriminierungen, Quersubventionen und Wettbewerbsverzerrungen führen Erdgasunternehmen in ihrer internen Rechnungslegung getrennte Konten für jede ihrer Tätigkeiten in den Bereichen Fernleitung, Verteilung, LNG und Speicherung in derselben Weise, wie sie dies tun müssten, wenn die betreffenden Tätigkeiten von separaten Unternehmen ausgeführt würden. Sie führen auch Konten für andere, nicht mit den Bereichen Fernleitung, Verteilung, LNG und Speicherung zusammenhängende Tätigkeiten im Erdgasbereich, wobei diese Konten konsolidiert sein können. Bis zum 1. Juli 2007 führen sie getrennte Konten für die Versorgung zugelassener Kunden bzw. nicht zugelassener Kunden. Einnahmen aus dem Eigentum am Fernleitungs- oder Verteilernetz weisen sie in den Konten gesondert aus. Gegebenenfalls führen sie konsolidierte Konten für ihre anderen Tätigkeiten außerhalb des Erdgasbereichs. Die interne Rechnungslegung schließt für jede Tätigkeit eine Bilanz sowie eine Gewinn- und Verlustrechnung ein.

(4) Bei der Überprüfung gemäß Absatz 2 wird insbesondere untersucht, ob die Verpflichtung zur Vermeidung von Diskriminierung und Quersubventionen gemäß Absatz 3 eingehalten wird.

(5) Unbeschadet der innerstaatlich anwendbaren Vorschriften für die Rechnungslegung geben die Unternehmen in der internen Rechnungslegung die Regeln, einschließlich der Abschreibungsregeln, an, nach denen die Gegenstände des Aktiv- und Passivvermögens sowie die ausgewiesenen Aufwendungen und Erträge den gemäß Absatz 3 separat geführten Konten zugewiesen werden. Änderungen dieser internen Regeln sind nur in Ausnahmefällen zulässig. Diese Änderungen müssen erwähnt und ordnungsgemäß begründet werden.

(6) Im Anhang zum Jahresabschluss sind die Geschäfte größeren Umfangs, die mit verbundenen Unternehmen getätigt worden sind, gesondert aufzuführen.

KAPITEL VII

ORGANISATION DES NETZZUGANGS

Artikel 32

Zugang Dritter

(1) Die Mitgliedstaaten gewährleisten die Einführung eines System für den Zugang Dritter zum Fernleitungs- und Verteilernetz und zu den LNG-Anlagen auf der Grundlage veröffentlichter Tarife; die Zugangsregelung gilt für alle zugelassenen Kunden, einschließlich Versorgungsunternehmen, und wird nach objektiven Kriterien und ohne Diskriminierung von Netzbenutzern angewandt. Die Mitgliedstaaten stellen sicher, dass diese Tarife oder die Methoden zu ihrer Berechnung gemäß Artikel 41 von einer in Artikel 39 Absatz 1 genannten

Regulierungsbehörde vor deren Inkrafttreten genehmigt werden und dass die Tarife und — soweit nur die Methoden einer Genehmigung unterliegen — die Methoden vor ihrem Inkrafttreten veröffentlicht werden.

(2) Die Betreiber der Fernleitungsnetze erhalten zur Wahrnehmung ihrer Aufgaben, auch im Zusammenhang mit der grenzüberschreitenden Fernleitung, gegebenenfalls Zugang zu den Fernleitungsnetzen anderer Betreiber.

(3) Die Bestimmungen dieser Richtlinie stehen dem Abschluss von langfristigen Verträgen nicht entgegen, sofern diese mit den Wettbewerbsregeln der Gemeinschaft im Einklang stehen.

Artikel 33

Zugang zu Speicheranlagen

(1) Für den Zugang zu Speicheranlagen und Netzpufferung, der für einen effizienten Netzzugang im Hinblick auf die Versorgung der Kunden technisch und/oder wirtschaftlich erforderlich ist, sowie für den Zugang zu Hilfsdiensten können die Mitgliedstaaten eines der in den Absätzen 3 und 4 vorgesehenen Verfahren oder beide Verfahren wählen. Diese Verfahren werden nach objektiven, transparenten und nichtdiskriminierenden Kriterien angewandt.

Die Mitgliedstaaten oder, wenn die Mitgliedstaaten dies vorgesehen haben, die Regulierungsbehörden definieren und veröffentlichen Kriterien, anhand deren beurteilt werden kann, welche Regelung auf den Zugang zu Speicheranlagen und Netzpufferung angewandt wird. Sie machen öffentlich bekannt, welche Speicheranlagen oder welche Teile der Speicheranlagen und welche Netzpufferungen nach den verschiedenen in den Absätzen 3 und 4 genannten Verfahren angeboten werden, oder verpflichten die Speicheranlagen- und Fernleitungsnetzbetreiber, die entsprechenden Informationen öffentlich bekannt zu machen.

Die Verpflichtung in Unterabsatz 2 Satz 2 gilt unbeschadet des den Mitgliedstaaten im ersten Unterabsatz gewährten Rechts auf Wahl des Verfahrens.

(2) Absatz 1 gilt bei LNG-Anlagen nicht für Hilfsdienste und die vorübergehende Speicherung, die für die Wiederverdampfung und die anschließende Einspeisung in das Fernleitungsnetz erforderlich sind.

(3) Beim Zugang auf Vertragsbasis treffen die Mitgliedstaaten oder, wenn die Mitgliedstaaten dies vorsehen, die Regulierungsbehörden die erforderlichen Maßnahmen, damit die Erdgasunternehmen und die zugelassenen Kunden, die sich innerhalb oder außerhalb des Verbundnetzgebiets befinden, einen Zugang zu Speicheranlagen und Netzpufferung aushandeln können, wenn dieser Zugang für einen effizienten Netzzugang sowie für den Zugang zu anderen Hilfsdiensten technisch und/oder wirtschaftlich erforderlich ist. Die Parteien sind verpflichtet, den Zugang zu Speicheranlagen, Netzpufferung und anderen Hilfsdiensten nach dem Grundsatz von Treu und Glauben auszuhandeln.

Die Verträge über den Zugang zu Speicheranlagen, Netzpufferung und anderen Hilfsdiensten werden mit dem Betreiber der betreffenden Speicheranlage oder den betreffenden Erdgasunternehmen ausgehandelt. Die Mitgliedstaaten oder, wenn die Mitgliedstaaten dies vorsehen, die Regulierungsbehörden verlangen von den Betreibern der Speicheranlagen und den Erdgasunternehmen, bis zum 1. Januar 2005 und in der Folge einmal jährlich ihre wesentlichen Geschäftsbedingungen für die Nutzung von Speicheranlagen, Netzpufferung und anderen Hilfsdiensten zu veröffentlichen.

Bei der Ausarbeitung dieser in Unterabsatz 2 genannten Geschäftsbedingungen konsultieren die Betreiber der Speicheranlagen und die Erdgasunternehmen die Netzbenutzer.

(4) Im Fall eines geregelten Netzzugangs treffen die Mitgliedstaaten oder, wenn die Mitgliedstaaten dies vorsehen, die Regulierungsbehörden die erforderlichen Maßnahmen, damit die Erdgasunternehmen und die zugelassenen Kunden, die sich innerhalb oder außerhalb des Verbundnetzgebiets befinden, ein Recht auf Zugang zu Speicheranlagen, Netzpufferung und anderen Hilfsdiensten auf der Grundlage veröffentlichter Tarife und/oder sonstiger Bedingungen und Verpflichtungen für die Nutzung dieser Speicheranlagen und Netzpufferung haben, wenn dieser Zugang für einen effizienten Netzzugang sowie für den Zugang zu anderen Hilfsdiensten technisch und/oder wirtschaftlich erforderlich ist. Die Mitgliedstaaten oder, wenn die Mitgliedstaaten dies vorsehen, die Regulierungsbehörden konsultieren die Netzbenutzer bei der Ausarbeitung dieser Tarife oder der entsprechenden Methoden. Dieses Recht auf Zugang kann den zugelassenen Kunden dadurch gewährt werden, dass es ihnen ermöglicht wird, Versorgungsverträge mit anderen konkurrierenden Erdgasunternehmen als dem Eigentümer und/oder Betreiber des Netzes oder einem verbundenen Unternehmen zu schließen.

Artikel 34

Zugang zu den vorgelagerten Rohrleitungsnetzen

(1) Die Mitgliedstaaten treffen die erforderlichen Maßnahmen, um sicherzustellen, dass die Erdgas-Unternehmen und die zugelassenen Kunden ungeachtet ihres Standorts bzw. Wohnsitzes im Einklang mit diesem Artikel Zugang erhalten können zu den vorgelagerten Rohrleitungsnetzen, einschließlich der Einrichtungen, die die mit einem derartigen Zugang verbundenen technischen Dienstleistungen erbringen, jedoch mit Ausnahme der Netz- und Einrichtungsteile, die für örtliche Gewinnungstätigkeiten auf einem Gasfeld benutzt werden. Diese Maßnahmen werden der Kommission gemäß Artikel 54 mitgeteilt.

(2) Der Mitgliedstaat legt entsprechend den einschlägigen Rechtsinstrumenten fest, in welcher Weise der Zugang gemäß Absatz 1 zu ermöglichen ist. Die Mitgliedstaaten legen dabei folgende Ziele zugrunde: offener Zugang zu gerechten Bedingungen, Schaffung eines wettbewerbsbestimmten Erdgasmarkts und Vermeidung des Missbrauchs einer marktbeherrschenden Stellung, wobei einer gesicherten und regelmäßigen Versorgung, den bestehenden Kapazitäten und den Kapazitäten, die nach vernünftigem Ermessen verfügbar gemacht werden können, sowie dem Umweltschutz Rechnung getragen wird. Folgendes kann berücksichtigt werden:

a) die Notwendigkeit, den Zugang zu verweigern, wenn technische Spezifikationen nicht unter zumutbaren Bedingungen miteinander in Einklang zu bringen sind;

b) die Notwendigkeit der Vermeidung von nicht auf zumutbare Art und Weise zu überwindenden Schwierigkeiten, die die Effizienz der laufenden und der künftigen Kohlenwasserstoffgewinnung, auch bei Feldern mit geringer wirtschaftlicher Rentabilität, beeinträchtigen könnten;

c) die Notwendigkeit der Anerkennung gebührend belegter und angemessener Erfordernisse, die der Eigentümer oder Betreiber des vorgelagerten Rohrleitungsnetzes für Erdgastransport und -aufbereitung geltend macht, und der Wahrung der Interessen aller anderen möglicherweise betroffenen Benutzer des vorgelagerten Rohrleitungsnetzes oder der einschlägigen Aufbereitungs- oder Umschlagseinrichtungen; und

d) die Notwendigkeit der Anwendung der einzelstaatlichen Rechtsvorschriften und Verwaltungsverfahren zur Erteilung von Genehmigungen für Gewinnungstätigkeiten oder vorgelagerte Entwicklungstätigkeiten in Übereinstimmung mit dem Gemeinschaftsrecht.

(3) Die Mitgliedstaaten gewährleisten eine Streitbeilegungsregelung — zu der auch eine von den Parteien unabhängige Stelle gehört, die zu allen einschlägigen Informationen Zugang hat —, mit der Streitigkeiten im Zusammenhang mit dem Zugang zu vorgelagerten Rohrleitungsnetzen zügig beigelegt werden können, wobei den in Absatz 2 genannten Kriterien und der Zahl der Parteien, die möglicherweise an der Verhandlung über den Zugang zu derartigen Netzen beteiligt sind, Rechnung zu tragen ist.

(4) Bei grenzüberschreitenden Streitigkeiten gilt die Streitbeilegungsregelung des Mitgliedstaats, der für das vorgelagerte Rohrleitungsnetz, das den Zugang verweigert, zuständig ist. Sind bei grenzübergreifenden Streitigkeiten mehrere Mitgliedstaaten für das betreffende Netz zuständig, so gewährleisten diese Mitgliedstaaten in gegenseitigem Benehmen, dass die vorliegende Richtlinie übereinstimmend angewandt wird.

Artikel 35

Verweigerung des Zugangs

(1) Erdgasunternehmen können den Netzzugang verweigern, wenn sie nicht über die nötige Kapazität verfügen oder der Netzzugang sie daran hindern würde, die ihnen auferlegten gemeinwirtschaftlichen Verpflichtungen gemäß Artikel 3 Absatz 2 zu erfüllen, oder wenn in Bezug auf die in Artikel 47 festgelegten Kriterien und Verfahren und die von dem Mitgliedstaat gemäß Artikel 48 Absatz 1 gewählte Alternative aufgrund von Verträgen mit unbedingter Zahlungsverpflichtung ernsthafte wirtschaftliche und finanzielle Schwierigkeiten bestehen. Die Verweigerung ist ordnungsgemäß zu begründen.

(2) Die Mitgliedstaaten können die erforderlichen Maßnahmen ergreifen, um zu gewährleisten, dass Erdgasunternehmen, die den Netzzugang aufgrund unzureichender Kapazität oder eines mangelnden Netzverbunds verweigern, für den erforderlichen Ausbau Sorge tragen, soweit dies wirtschaftlich vertretbar ist oder wenn ein potenzieller Kunde bereit ist, hierfür zu zahlen. Wenden die Mitgliedstaaten Artikel 4 Absatz 4 an, so ergreifen sie diese Maßnahmen.

Artikel 36

Neue Infrastruktur

(1) Große neue Erdgasinfrastrukturen, d. h. Verbindungsleitungen, LNG- und Speicheranlagen, können auf Antrag für einen bestimmten Zeitraum von den Bestimmungen der Artikel 9, 32, 33 und 34 sowie des Artikels 41 Absätze 6, 8 und 10 unter folgenden Voraussetzungen ausgenommen werden:

a) durch die Investition werden der Wettbewerb bei der Gasversorgung und die Versorgungssicherheit verbessert;

b) das mit der Investition verbundene Risiko ist so hoch, dass die Investition ohne eine Ausnahmegenehmigung nicht getätigt würde;

c) die Infrastruktur muss Eigentum einer natürlichen oder juristischen Person sein, die zumindest der Rechtsform nach von den Netzbetreibern getrennt ist, in deren Netzen die Infrastruktur geschaffen wird;

d) von den Nutzern dieser Infrastruktur werden Gebühren erhoben; und

e) die Ausnahme wirkt sich nicht nachteilig auf den Wettbewerb oder das effektive Funktionieren des Erdgasbinnenmarktes oder das effiziente Funktionieren des regulierten Netzes aus, an das die Infrastruktur angeschlossen ist.

(2) Absatz 1 gilt auch für erhebliche Kapazitätsaufstockungen bei vorhandenen Infrastrukturen und für Änderungen dieser Infrastrukturen, die die Erschließung neuer Gasversorgungsquellen ermöglichen.

(3) Die in Kapitel VIII genannte Regulierungsbehörde kann von Fall zu Fall über Ausnahmen nach den Absätzen 1 und 2 befinden.

(4) Erstreckt sich die betreffende Infrastruktur über das Hoheitsgebiet von mehr als einem Mitgliedstaat, kann die Agentur den Regulierungsbehörden der betroffenen Mitgliedstaaten innerhalb von zwei Monaten ab dem Tag, an dem die letzte dieser Regulierungsbehörden den Antrag auf eine Ausnahme erhalten hat, eine Stellungnahme übermitteln, die die Grundlage für die Entscheidung der Regulierungsbehörden sein könnte.

Haben alle betroffenen Regulierungsbehörden innerhalb von sechs Monaten ab dem Tag, an dem die letzte Regulierungsbehörde den Antrag erhalten hat eine Einigung über die Entscheidung zur Gewährung einer Ausnahme erzielt, informieren sie die Agentur über diese Entscheidung.

Die der Regulierungsbehörde des betroffenen Mitgliedstaats durch diesen Artikel übertragenen Aufgaben werden von der Agentur wahrgenommen,

a) wenn alle betreffenden nationalen Regulierungsbehörden innerhalb eines Zeitraums von sechs Monaten ab dem Tag, an dem die letzte dieser Regulierungsbehörden den Antrag auf eine Ausnahme erhalten hat, keine Einigung erzielen konnten, oder

b) wenn ein gemeinsames Ersuchen der betreffenden nationalen Regulierungsbehörden vorliegt.

Alle betreffenden Regulierungsbehörden können in einem gemeinsamen Ersuchen beantragen, dass die unter Unterabsatz 3 Buchstabe a genannte Frist um bis zu drei Monate verlängert wird.

(5) Vor ihrer Entscheidung erfolgt eine Anhörung der zuständigen Regulierungsbehörden und der Antragsteller durch die Agentur.

(6) Eine Ausnahme kann sich auf die gesamte Kapazität der neuen Infrastruktur oder der vorhandenen Infrastruktur, deren Kapazität erheblich vergrößert wurde, oder bestimmte Teile der Infrastruktur erstrecken.

Bei der Entscheidung über die Gewährung einer Ausnahme wird in jedem Einzelfall der Notwendigkeit Rechnung getragen, Bedingungen für die Dauer der Ausnahme und den nichtdiskriminierenden Zugang zu der neuen Infrastruktur aufzuerlegen. Bei der Entscheidung über diese Bedingungen werden insbesondere die neu zu schaffende Kapazität oder die Änderung der bestehenden Kapazität, der Zeithorizont des Vorhabens und die einzelstaatlichen Gegebenheiten berücksichtigt.

Vor der Gewährung einer Ausnahme entscheidet die Regulierungsbehörde über die Regeln und Mechanismen für das Kapazitätsmanagement und die Kapazitätszuweisung. Nach diesen Regeln werden alle potenziellen Nutzer der Infrastruktur dazu aufgefordert, ihr Interesse an der Kontrahierung von Kapazität zu bekunden, bevor Kapazität für die neue Infrastruktur, auch für den Eigenbedarf, vergeben wird. Die Regulierungsbehörde macht zur Auflage, in den Regeln für das Engpassmanagement vorzusehen, dass ungenutzte Kapazitäten auf dem Markt anzubieten sind und dass Nutzer der Infrastruktur das Recht haben, ihre kontrahierten Kapazitäten auf dem Sekundärmarkt zu handeln. Bei ihrer Bewertung der in Absatz 1 Buchstaben a, b und e genannten Kriterien berücksichtigt die Regulierungsbehörde die Ergebnisse des Verfahrens für die Kapazitätszuweisung.

Die Entscheidung zur Gewährung einer Ausnahme — einschließlich der in Unterabsatz 2 des vorliegenden Absatzes genannten Bedingungen — ist ordnungsgemäß zu begründen und zu veröffentlichen.

(7) Unbeschadet des Absatzes 3 können die Mitgliedstaaten jedoch vorsehen, dass die Regulierungsbehörde bzw. die Agentur ihre Stellungnahme zu dem Antrag auf Gewährung einer Ausnahme der zuständigen Stelle des Mitgliedstaats zur förmlichen Entscheidung vorzulegen hat. Diese Stellungnahme wird zusammen mit der Entscheidung veröffentlicht.

(8) Die Regulierungsbehörde übermittelt der Kommission eine Kopie aller Anträge auf Gewährung einer Ausnahme unverzüglich nach ihrem Eingang. Die zuständige Behörde teilt der Kommission unverzüglich die Entscheidung zusammen mit allen für die Entscheidung bedeutsamen Informationen mit. Diese Informationen können der Kommission in einer Zusammenfassung übermittelt werden, die der Kommission eine fundierte Entscheidung ermöglicht. Die Informationen enthalten insbesondere Folgendes:

a) eine ausführliche Begründung der durch die Regulierungsbehörde oder den Mitgliedstaat gewährten oder abgelehnten Ausnahme unter genauem Verweis auf Absatz 1 und den oder die

Buchstaben jenes Absatzes, der der Entscheidung zugrunde liegt, einschließlich finanzieller Informationen, die die Notwendigkeit der Ausnahme rechtfertigen;

b) eine Untersuchung bezüglich der Auswirkungen der Gewährung der Ausnahme auf den Wettbewerb und das effektive Funktionieren des Erdgasbinnenmarkts;

c) eine Begründung der Geltungsdauer der Ausnahme sowie des Anteils an der Gesamtkapazität der Gasinfrastruktur, für die die Ausnahme gewährt wird;

d) sofern sich die Ausnahme auf eine Verbindungsleitung bezieht, das Ergebnis der Konsultation der betroffenen Regulierungsbehörden; und

e) Angaben dazu, welchen Beitrag die Infrastruktur zur Diversifizierung der Gasversorgung leistet.

(9) Die Kommission kann innerhalb eines Zeitraums von zwei Monaten ab dem Tag nach dem Eingang einer Meldung beschließen, von der Regulierungsbehörde die Änderung oder den Widerruf der Entscheidung über die Gewährung der Ausnahme zu verlangen. Die Zweimonatsfrist kann um weitere zwei Monate verlängert werden, wenn die Kommission zusätzliche Informationen anfordert. Diese weitere Frist beginnt am Tag nach dem Eingang der vollständigen Informationen. Auch die erste Zweimonatsfrist kann mit Zustimmung der Kommission und der Regulierungsbehörde verlängert werden.

Wenn die angeforderten Informationen nicht innerhalb der in der Aufforderung festgesetzten Frist vorgelegt werden, gilt die Mitteilung als widerrufen, es sei denn, diese Frist wurde mit Zustimmung der Kommission und der Regulierungsbehörde vor ihrem Ablauf verlängert oder die Regulierungsbehörde hat die Kommission vor Ablauf der festgesetzten Frist in einer ordnungsgemäß begründeten Erklärung darüber unterrichtet, dass sie die Mitteilung als vollständig betrachtet.

Die Regulierungsbehörde kommt dem Beschluss der Kommission zur Änderung oder zum Widerruf der Entscheidung über die Gewährung einer Ausnahme innerhalb von einem Monat nach und setzt die Kommission davon in Kenntnis.

Die Kommission behandelt wirtschaftlich sensible Informationen vertraulich.

Die durch die Kommission erfolgte Genehmigung einer Entscheidung zur Gewährung einer Ausnahme wird zwei Jahre nach ihrer Erteilung unwirksam, wenn mit dem Bau der Infrastruktur noch nicht begonnen wurde, und wird fünf Jahre nach ihrer Erteilung unwirksam, wenn die Infrastruktur nicht in Betrieb genommen wurde, es sei denn, die Kommission entscheidet, dass die Verzögerung auf Umstände zurückzuführen ist, auf die die Person, der die Ausnahme gewährt wurde, keinen Einfluss hat.

(10) Die Kommission kann Leitlinien für die Anwendung der in Absatz 1 dieses Artikels genannten Bedingungen und für die Festlegung des zur Anwendung der Absätze 3, 5, 7 und 8 dieses Artikels einzuhaltenden Verfahrens erlassen. Diese Maßnahmen zur Änderung nicht wesentlicher Bestimmungen dieser Richtlinie durch Ergänzung werden nach dem in Artikel 51 Absatz 3 genannten Regelungsverfahren mit Kontrolle erlassen.

Artikel 37

Marktöffnung und Gegenseitigkeit

(1) Die Mitgliedstaaten stellen sicher, dass folgende Kunden zugelassene Kunden sind:

a) bis zum 1. Juli 2004 alle zugelassenen Kunden entsprechend Artikel 18 der Richtlinie 98/30/EG des Europäischen Parlaments und des Rates vom 22. Juni 1998 betreffend gemeinsame Vorschriften für den Erdgasbinnenmarkt [21]. Die Mitgliedstaaten veröffentlichen bis zum 31. Januar jedes Jahres die Kriterien für die Definition dieser zugelassenen Kunden;

b) ab dem 1. Juli 2004 alle Nichthaushaltskunden;

c) ab dem 1. Juli 2007 alle Kunden.

(2) Ungleichgewichte bei der Öffnung der Gasmärkte werden wie folgt vermieden:

a) Lieferverträge mit einem zugelassenen Kunden aus dem Netz eines anderen Mitgliedstaats dürfen nicht untersagt werden, wenn der Kunde in beiden betreffenden Netzen als zugelassener Kunde betrachtet wird, und

b) werden Geschäfte nach Buchstabe a mit der Begründung abgelehnt, dass der Kunde nur in einem der beiden Netze als zugelassener Kunde gilt, so kann die Kommission auf Antrag eines der Mitgliedstaaten, in denen sich die beiden Netze befinden, unter Berücksichtigung der Marktlage und des gemeinsamen Interesses der ablehnenden Partei auferlegen, die gewünschten Lieferungen auszuführen.

Artikel 38

Direktleitungen

(1) Die Mitgliedstaaten treffen die erforderlichen Maßnahmen, damit

a) in ihrem Hoheitsgebiet ansässige Erdgasunternehmen die zugelassenen Kunden über eine Direktleitung versorgen können, und

b) jeder zugelassene Kunde in ihrem Hoheitsgebiet von Erdgasunternehmen über eine Direktleitung versorgt werden kann.

(2) In Fällen, in denen eine Genehmigung (z. B. eine Lizenz, Erlaubnis, Konzession, Zustimmung oder Zulassung) für den Bau oder den Betrieb von Direktleitungen erforderlich ist, legen die Mitgliedstaaten oder eine von ihnen benannte zuständige Behörde die Kriterien für die Genehmigung des Baus oder des Betriebs einer Direktleitung in ihrem Hoheitsgebiet fest. Diese Kriterien müssen objektiv, transparent und nichtdiskriminierend sein.

(3) Die Mitgliedstaaten können die Genehmigung zur Errichtung einer Direktleitung entweder von der Verweigerung des Netzzugangs auf der Grundlage des Artikels 35 oder von der Einleitung eines Streitbeilegungsverfahrens gemäß Artikel 41 abhängig machen.

KAPITEL VIII

NATIONALE REGULIERUNGSBEHÖRDEN

Artikel 39

Benennung und Unabhängigkeit der Regulierungsbehörden

(1) Jeder Mitgliedstaat benennt auf nationaler Ebene eine einzige nationale Regulierungsbehörde.

(2) Absatz 1 des vorliegenden Artikels lässt die Benennung anderer Regulierungsbehörden auf regionaler Ebene in den Mitgliedstaaten unberührt, sofern es für Vertretungszwecke und als Ansprechpartner auf Gemeinschaftsebene innerhalb des Regulierungsrates der Agentur gemäß Artikel 14 Absatz 1 der Verordnung (EG) Nr. 713/2009 einen einzigen ranghohen Vertreter gibt.

(3) Abweichend von Absatz 1 des vorliegenden Artikels kann ein Mitgliedstaat Regulierungsbehörden für kleine Netze in einer geografisch eigenständigen Region benennen, deren Verbrauch im Jahr 2008 weniger als 3 % des gesamten Verbrauchs des Mitgliedstaats, zu dem sie gehört, betragen hat. Diese Ausnahmeregelung lässt die Benennung eines einzigen ranghohen Vertreters für Vertretungszwecke und als Ansprechpartner auf Gemeinschaftsebene innerhalb des Regulierungsrates der Agentur für die Zusammenarbeit der Energieregulierungsbehörden gemäß Artikel 14 Absatz 1 der Verordnung (EG) Nr. 713/2009 unberührt.

(4) Die Mitgliedstaaten gewährleisten die Unabhängigkeit der Regulierungsbehörde und sorgen dafür, dass diese ihre Befugnisse unparteiisch und transparent ausübt. Hierzu stellen die Mitgliedstaaten sicher, dass die Regulierungsbehörde bei der Wahrnehmung der ihr durch diese Richtlinie und zugehörige Rechtsvorschriften übertragenen Regulierungsaufgaben

a) rechtlich getrennt und funktional unabhängig von anderen öffentlichen und privaten Einrichtungen ist,

b) und sicherstellt, dass ihr Personal und ihr Management

i) unabhängig von Marktinteressen handelt und

ii) bei der Wahrnehmung der Regulierungsaufgaben keine direkten Weisungen von Regierungsstellen oder anderen öffentlichen oder privaten Einrichtungen einholt oder entgegennimmt. Eine etwaige enge Zusammenarbeit mit anderen zuständigen nationalen Behörden oder allgemeine politische Leitlinien der Regierung, die nicht mit den Regulierungsaufgaben und -befugnissen nach Artikel 41 zusammenhängen, bleiben hiervon unberührt.

(5) Zur Wahrung der Unabhängigkeit der Regulierungsbehörde stellen die Mitgliedstaaten insbesondere sicher,

a) dass die Regulierungsbehörde unabhängig von allen politischen Stellen selbständige Entscheidungen treffen kann und ihr jedes Jahr separate Haushaltsmittel zugewiesen werden, damit sie den zugewiesenen Haushalt eigenverantwortlich ausführen kann und über eine für die Wahrnehmung ihrer Aufgaben angemessene personelle und finanzielle Ressourcenausstattung verfügt; und

b) dass die Mitglieder des Leitungsgremiums der Regulierungsbehörde oder, falls kein solches Gremium vorhanden ist, die Mitglieder des leitenden Managements der Regulierungsbehörde für eine Amtszeit von fünf bis sieben Jahren ernannt werden, die einmal verlängert werden kann.

Was Buchstabe b Unterabsatz 1 betrifft, stellen die Mitgliedstaaten sicher, dass für das Leitungsgremium oder das leitende Management ein geeignetes Rotationsverfahren besteht. Die Mitglieder des Leitungsgremiums der Regulierungsbehörde oder, falls kein solches vorhanden ist, die Mitglieder des leitenden Managements können während ihrer Amtszeit nur dann des Amtes enthoben werden, wenn sie nicht mehr die in diesem Artikel genannten Bedingungen erfüllen oder wenn sie sich eines Fehlverhaltens nach einzelstaatlichem Recht schuldig gemacht haben.

Artikel 40

Allgemeine Ziele der Regulierungsbehörde

Bei der Wahrnehmung der in dieser Richtlinie genannten Regulierungsaufgaben trifft die Regulierungsbehörde alle zweckdienlichen Maßnahmen zur Erreichung folgender Ziele im Rahmen ihrer Aufgaben und Befugnisse gemäß Artikel 41, gegebenenfalls in engem Benehmen mit anderen relevanten nationalen Behörden einschließlich der Wettbewerbsbehörden und unbeschadet deren Zuständigkeiten:

a) Förderung — in enger Zusammenarbeit mit der Agentur, den Regulierungsbehörden der Mitgliedstaaten und der Kommission — eines wettbewerbsbestimmten, sicheren und ökologisch nachhaltigen Erdgasbinnenmarktes in der Gemeinschaft und effektive Öffnung des Marktes für alle Lieferanten und Kunden in der Gemeinschaft; sowie Sicherstellung geeigneter Bedingungen dafür, dass Gasnetze unter Berücksichtigung der langfristigen Ziele wirkungsvoll und zuverlässig betrieben werden;

b) Entwicklung wettbewerbsbestimmter und gut funktionierender Regionalmärkte in der Gemeinschaft zur Verwirklichung des unter Buchstabe a genannten Ziels;

c) Aufhebung der bestehenden Beschränkungen des Erdgashandels zwischen den Mitgliedstaaten, einschließlich des Aufbaus geeigneter grenzüberschreitender Fernleitungskapazitäten im Hinblick auf die Befriedigung der Nachfrage und die Förderung der Integration der nationalen Märkte zur Erleichterung der Erdgasflüsse innerhalb der Gemeinschaft;

d) Beiträge zur möglichst kostengünstigen Verwirklichung der angestrebten Entwicklung verbraucherorientierter, sicherer, zuverlässiger und effizienter nichtdiskriminierender Systeme, Förderung der Angemessenheit der Systeme und, in Einklang mit den allgemeinen Zielen der Energiepolitik, der Energieeffizienz sowie der Einbindung von Gas aus erneuerbaren Energieträgern und dezentraler Erzeugung in großem und kleinem Maßstab sowohl in Fernleitungs- als auch in Verteilernetze;

e) Erleichterung der Aufnahme neuer Gewinnungsanlagen in das Netz, insbesondere durch Beseitigung von Hindernissen, die den Zugang neuer Marktteilnehmer und die Einspeisung von Gas aus erneuerbaren Energiequellen verhindern könnten;

f) Schaffung der entsprechenden Voraussetzungen, damit für Netzbetreiber und Netznutzer kurzfristig wie langfristig angemessene Anreize bestehen, Effizienzsteigerungen bei der Netzleistung zu gewährleisten und die Marktintegration zu fördern;

g) Gewährleistung von Vorteilen für die Kunden durch ein effizientes Funktionieren des nationalen Marktes, Förderung eines effektiven Wettbewerbs und Beiträge zur Sicherstellung des Verbraucherschutzes;

h) Beiträge zur Verwirklichung hoher Standards bei der Erfüllung gemeinwirtschaftlicher Verpflichtungen im Bereich Erdgas, zum Schutz benachteiligter Kunden und im Interesse der Kompatibilität der beim Anbieterwechsel von Kunden erforderlichen Datenaustauschverfahren.

Artikel 41

Aufgaben und Befugnisse der Regulierungsbehörde

(1) Die Regulierungsbehörde hat folgende Aufgaben:

a) Sie ist dafür verantwortlich, anhand transparenter Kriterien die Fernleitungs- oder Verteilungstarife bzw. die entsprechenden Methoden festzulegen oder zu genehmigen.

b) Sie gewährleistet, dass Fernleitungs- und Verteilernetzbetreiber — gegebenenfalls auch Netzeigentümer — sowie Erdgasunternehmen ihren aus dieser Richtlinie und anderen einschlägigen gemeinschaftlichen Rechtsvorschriften erwachsenden Verpflichtungen nachkommen, auch in Bezug auf Fragen grenzüberschreitender Natur.

c) Sie arbeitet mit der Regulierungsbehörde bzw. den Behörden der betroffenen Mitgliedstaaten und mit der Agentur in grenzüberschreitenden Angelegenheiten zusammen.

d) Sie kommen allen einschlägigen rechtsverbindlichen Entscheidungen der Agentur und der Kommission nach und führen sie durch.

e) Sie erstattet den zuständigen Behörden der Mitgliedstaaten, der Agentur und der Kommission jährlich Bericht über ihre Tätigkeit und die Erfüllung ihrer Aufgaben. In diesen Berichten ist für jede einzelne der in diesem Artikel genannten Aufgaben darzulegen, welche Maßnahmen getroffen und welche Ergebnisse erzielt wurden.

f) Sie sorgt dafür, dass Quersubventionen zwischen den Fernleitungs-, Verteilungs-, Speicher-, LNG- und Versorgungstätigkeiten verhindert werden.

g) Sie überwacht die Investitionspläne der Fernleitungsnetzbetreiber und legt mit ihrem Jahresbericht eine Beurteilung dieser Investitionspläne unter dem Gesichtspunkt ihrer Kohärenz mit dem gemeinschaftsweiter Netzentwicklungsplan gemäß Artikel 8 Absatz 3 Buchstabe b der Verordnung (EG) Nr. 715/2009 vor, wobei diese Beurteilung Empfehlungen zur Änderung dieser Investitionspläne enthalten kann.

h) Sie überwacht die Einhaltung der Anforderungen und überprüft die bisherige Qualität in Bezug auf die Sicherheit und Zuverlässigkeit des Netzes, legt für die Dienstleistungs- und Versorgungsqualität geltende Normen und Anforderungen fest oder genehmigt sie oder leistet hierzu gemeinsam mit anderen zuständigen Behörden einen Beitrag.

i) Sie überwacht den Grad der Transparenz — auch im Fall der Großhandelspreise — und gewährleistet, dass die Erdgasunternehmen die Transparenzanforderungen erfüllen.

j) Sie überwacht den Grad und die Wirksamkeit der Marktöffnung und den Umfang des Wettbewerbs auf Großhandels- und Endkundenebene, einschließlich Erdgasbörsen, Preise für Haushaltskunden (einschließlich Vorauszahlungssysteme), Versorgerwechselraten, Abschaltraten, Gebühren für Wartungsdienste, Durchführung von Wartungsdiensten und Beschwerden von Haushaltskunden, sowie etwaige Wettbewerbsverzerrungen oder -beschränkungen, sie stellt relevante Informationen bereit und bringt einschlägige Fälle vor die zuständigen Wettbewerbsbehörden.

k) Sie überwacht etwaige restriktive Vertragspraktiken einschließlich Exklusivitätsbestimmungen, die große Nichthaushaltskunden daran hindern können, gleichzeitig mit mehreren Anbietern Verträge zu schließen, oder ihre Möglichkeiten dazu beschränken, und setzt gegebenenfalls die nationalen Wettbewerbsbehörden von solchen Praktiken in Kenntnis.

l) Sie erkennt die Vertragsfreiheit in Bezug auf unterbrechbare Lieferverträge und langfristige Verträge an, sofern diese mit dem geltenden Gemeinschaftsrecht vereinbar sind und mit der Politik der Gemeinschaft in Einklang stehen.

m) Sie verfolgt, wie viel Zeit die Fernleitungs- und Verteilernetzbetreiber für die Herstellung von Anschlüssen und für Reparaturen benötigen.

n) Sie überwacht und überprüft die Bedingungen für den Zugang zu Speicheranlagen, Netzpufferung und anderen Hilfsdiensten gemäß Artikel 33. Wird die Regelung für den Zugang zu Speicheranlagen gemäß Artikel 33 Absatz 3 festgelegt, ist die Überprüfung der Tarife nicht Bestandteil dieser Aufgabe.

o) Sie trägt zusammen mit anderen einschlägigen Behörden dazu bei, dass Maßnahmen zum Verbraucherschutz, einschließlich der in Anhang I festgelegten Maßnahmen, wirksam sind und durchgesetzt werden.

p) Sie veröffentlicht mindestens einmal jährlich Empfehlungen dafür, wie die Versorgungstarife Artikel 3 genügen sollen, und leitet sie gegebenenfalls an die Wettbewerbsbehörden weiter.

q) Sie gewährleistet den Zugang zu den Verbrauchsdaten der Kunden, die Bereitstellung — bei fakultativer Verwendung — eines leicht verständlichen einheitlichen Formats auf nationaler Ebene für die Erfassung der Verbrauchsdaten und den unverzüglichen Zugang für alle Verbraucher zu diesen Daten gemäß Anhang I Buchstabe h.

r) Sie überwacht die Umsetzung der Vorschriften betreffend die Aufgaben und Verantwortlichkeiten der Fernleitungsnetzbetreiber, Verteilernetzbetreiber, Versorgungsunternehmen und Kunden sowie anderer Marktteilnehmer gemäß der Verordnung (EG) Nr. 715/2009.

s) Sie überwacht die korrekte Anwendung der Kriterien, anhand deren beurteilt wird, ob eine Speicheranlage unter Artikel 33 Absatz 3 oder Artikel 32 Absatz 4 fällt, und

t) sie überwacht die Durchführung der Schutzmaßnahmen gemäß Artikel 46.

u) Sie trägt zur Kompatibilität der Datenaustauschverfahren für die wichtigsten Marktprozesse auf regionaler Ebene bei.

(2) Ist dies in einem Mitgliedstaat vorgesehen, so können die Beobachtungsaufgaben gemäß Absatz 1 von anderen Behörden als der Regulierungsbehörde durchgeführt werden. In diesem Fall müssen die Informationen, die aus der Beobachtung hervorgehen, der Regulierungsbehörde so schnell wie möglich zur Verfügung gestellt werden.

Bei der Wahrnehmung der Aufgaben gemäß Absatz 1 konsultiert die Regulierungsbehörde gegebenenfalls — unter Wahrung ihrer Unabhängigkeit und unbeschadet ihrer eigenen spezifischen Zuständigkeiten und im Einklang mit den Grundsätzen der besseren Rechtsetzung — die Fernleitungsnetzbetreiber und arbeiten gegebenenfalls eng mit anderen zuständigen nationalen Behörden zusammen.

Genehmigungen, die durch eine Regulierungsbehörde oder durch die Agentur nach dieser Richtlinie erteilt werden, berühren nicht die gebührend begründete künftige Ausübung ihrer Befugnisse nach diesem Artikel durch die Regulierungsbehörde oder etwaige Sanktionen, die von anderen zuständigen Behörden oder der Kommission verhängt werden.

(3) Wurde gemäß Artikel 14 ein unabhängiger Netzbetreiber benannt, so hat die Regulierungsbehörde zusätzlich zu den ihr gemäß Absatz 1 des vorliegenden Artikels übertragenen Aufgaben folgende Pflichten:

a) Sie beobachtet, ob der Eigentümer des Fernleitungsnetzes und der unabhängige Netzbetreiber ihren aus diesem Artikel erwachsenden Verpflichtungen nachkommen, und verhängt gemäß Absatz 4 Buchstabe d Sanktionen für den Fall, dass den Verpflichtungen nicht nachgekommen wird.

b) Sie beobachtet die Beziehungen und die Kommunikation zwischen dem unabhängigen Netzbetreiber und dem Eigentümer des Fernleitungsnetzes, um sicherzustellen, dass der unabhängige Netzbetreiber seinen Verpflichtungen nachkommt, und genehmigt insbesondere Verträge und fungiert im Falle von Beschwerden einer Partei gemäß Absatz 11 als Streitbeilegungsinstanz zwischen dem unabhängigen Netzbetreiber und dem Eigentümer des Fernleitungsnetzes.

c) Unbeschadet des Verfahrens gemäß Artikel 14 Absatz 2 Buchstabe c genehmigt sie die vom unabhängigen Netzbetreiber jährlich vorzulegende Investitionsplanung für den ersten zehnjährigen Netzentwicklungsplan sowie den von ihm vorzulegenden mehrjährigen Netzentwicklungsplan.

d) Sie gewährleistet, dass die von unabhängigen Netzbetreibern erhobenen Netzzugangstarife ein Entgelt für den bzw. die Netzeigentümer enthalten, das für die Nutzung der Netzvermögenswerte und mit Blick auf etwaige neue Investitionen in das Netz angemessen ist, sofern diese wirtschaftlich und effizient getätigt werden, und

e) sie verfügt über die Befugnis, in den Räumlichkeiten des Eigentümers des Fernleitungsnetzes und des unabhängigen Netzbetreibers auch ohne Ankündigung Kontrollen durchzuführen.

(4) Die Mitgliedstaaten stellen sicher, dass die Regulierungsbehörden mit den erforderlichen Befugnissen ausgestattet werden, die es ihnen ermöglichen, die in den Absätzen 1, 3 und 6 genannten Aufgaben effizient und rasch zu erfüllen. Hierzu muss die Regulierungsbehörde unter anderem über folgende Befugnisse verfügen: Zu diesem Zweck muss die Regulierungsbehörde unter anderem über folgende Befugnisse verfügen:

a) Erlass von Entscheidungen, die für Gasunternehmen bindend sind;

b) Durchführung von Untersuchungen zum Funktionieren der Erdgasmärkte und Entscheidung über und Verhängung von notwendigen und verhältnismäßigen Maßnahmen zur Förderung eines wirksamen Wettbewerbs und zur Gewährleistung des ordnungsgemäßen Funktionierens des Marktes. Die Regulierungsbehörde erhält gegebenenfalls auch die Befugnis zur Zusammenarbeit mit der nationalen Wettbewerbsbehörde und Finanzmarktregulierungsbehörden oder der Kommission bei der Durchführung einer wettbewerbsrechtlichen Untersuchung;

c) Anforderung der für die Wahrnehmung ihrer Aufgaben maßgeblichen Informationen bei den Erdgasunternehmen, einschließlich Begründungen für Verweigerungen des Zugangs Dritter und sonstiger Informationen über Maßnahmen zur Stabilisierung der Netze;

d) Verhängung wirksamer, verhältnismäßiger und abschreckender Sanktionen gegen Erdgasunternehmen, die ihrenaus dieser Richtlinie oder allen einschlägigen rechtsverbindlichen Entscheidungen der Regulierungsbehörde oder der Agentur erwachsenden Verpflichtungen nicht nachkommen, oder Vorschlag an ein zuständiges Gericht, derartige Sanktionen zu verhängen. Dies schließt die Befugnis ein, bei Nichteinhaltung der jeweiligen Verpflichtungen gemäß dieser Richtlinie gegen den Fernleitungsnetzbetreiber bzw. das vertikal integrierte Unternehmen Sanktionen in Höhe von bis zu 10 % des Jahresumsatzes des Fernleitungsnetzbetreibers bzw. des vertikal integrierten Unternehmens zu verhängen oder vorzuschlagen, und

e) ausreichende Untersuchungsrechte und entsprechende Anweisungsbefugnisse mit Blick auf die Streitbeilegung gemäß den Absätzen 11 und 12.

(5) Zusätzlich zu den Aufgaben und Befugnissen, die ihr gemäß den Absätzen 1 und 4 des vorliegenden Artikels übertragen wurden, werden der Regulierungsbehörde für den Fall, dass ein Fernleitungsnetzbetreiber gemäß Kapitel IV benannt wurde, folgende Aufgaben und Befugnisse übertragen:

a) Verhängung von Sanktionen gemäß Absatz 4 Buchstabe d wegen diskriminierenden Verhaltens zugunsten des vertikal integrierten Unternehmens;

b) Überprüfung des Schriftverkehrs zwischen dem Fernleitungsnetzbetreiber und dem vertikal integrierten Unternehmen, um sicherzustellen, dass der Fernleitungsnetzbetreiber seinen Verpflichtungen nachkommt;

c) als Streitbeilegungsstelle für Streitigkeiten zwischen dem vertikal integrierten Unternehmen und dem Fernleitungsnetzbetreiber bei Beschwerden gemäß Absatz 11 zu fungieren;

d) fortlaufende Kontrolle der geschäftlichen und finanziellen Beziehungen, einschließlich Darlehen, zwischen dem vertikal integrierten Unternehmen und dem Fernleitungsnetzbetreiber;

e) Genehmigung sämtlicher geschäftlichen und finanziellen Vereinbarungen zwischen dem vertikal integrierten Unternehmen und dem Fernleitungsnetzbetreiber, sofern sie marktüblichen Bedingungen entsprechen;

f) Anforderung einer Begründung beim vertikal integrierten Unternehmen im Falle einer Meldung des Gleichbehandlungsbeauftragten nach Artikel 21 Absatz 4. Die Begründung muss insbesondere den Nachweis enthalten, dass kein diskriminierendes Verhalten zugunsten des vertikal integrierten Unternehmens vorgelegen hat;

g) Durchführung von — auch unangekündigten — Kontrollen in den Geschäftsräumen des vertikal integrierten Unternehmens und des Fernleitungsnetzbetreibers, und

h) Übertragung aller oder bestimmter Aufgaben des Fernleitungsnetzbetreibers an einen gemäß Artikel 14 benannten unabhängigen Netzbetreiber, falls der Fernleitungsnetzbetreiber fortwährend gegen seine Verpflichtungen aus der Richtlinie verstößt, insbesondere im Falle eines wiederholten diskriminierenden Verhaltens zugunsten des vertikal integrierten Unternehmens.

(6) Den Regulierungsbehörden obliegt es, zumindest die Methoden zur Berechnung oder Festlegung folgender Bedingungen mit ausreichendem Vorlauf vor deren Inkrafttreten festzulegen oder zu genehmigen:

a) Anschluss und Zugang zu den nationalen Netzen, einschließlich Fernleitungs- und Verteilungstarife, und Bedingungen und Tarife für den Zugang zu LNG-Anlagen. Diese Tarife oder Methoden sind so zu gestalten, dass die notwendigen Investitionen in die Netze und LNG-Anlagen so vorgenommen werden können, dass die Lebensfähigkeit der Netze und LNG-Anlagen gewährleistet ist;

b) die Bedingungen für die Erbringung von Ausgleichsleistungen, die möglichst wirtschaftlich sind und den Netzbenutzern geeignete Anreize bieten, die Einspeisung und Abnahme von Gas auszugleichen. Die Ausgleichsleistungen werden auf faire und nichtdiskriminierende Weise erbracht und stützen sich auf objektive Kriterien, und

c) die Bedingungen für den Zugang zu grenzübergreifenden Infrastrukturen einschließlich der Verfahren für Kapazitätsvergabe und Engpassmanagement.

(7) Die in Absatz 6 genannten Methoden oder die Bedingungen werden veröffentlicht.

(8) Bei der Festsetzung oder Genehmigung der Tarife oder Methoden und der Ausgleichsleistungen stellt die Regulierungsbehörde sicher, dass für die Fernleitungs- und Verteilerbetreiber angemessene Anreize geschaffen werden, sowohl kurzfristig als auch langfristig die Effizienz zu steigern, die Marktintegration und die Versorgungssicherheit zu fördern und entsprechende Forschungsarbeiten zu unterstützen.

(9) Die Regulierungsbehörden beobachten das Engpassmanagement in den nationalen Erdgasfernleitungsnetzen einschließlich der Verbindungsleitungen und die Durchsetzung der Regeln für das Engpassmanagement. Hierzu legen die Übertragungsnetzbetreiber oder Marktteilnehmer den nationalen Regulierungsbehörden ihre Regeln für das Engpassmanagement sowie für die Kapazitätsvergabe vor. Die nationalen Regulierungsbehörden können Änderungen dieser Regeln verlangen.

(10) Die Regulierungsbehörden sind befugt, falls erforderlich von Betreibern von Fernleitungsnetzen, Speicheranlagen, LNG-Anlagen und Verteilernetzen zu verlangen, die in diesem Artikel genannten Bedingungen, einschließlich der Tarife, zu ändern, um sicherzustellen, dass sie angemessen sind und nichtdiskriminierend angewendet werden. Wird die Regelung für den Zugang zu Speicheranlagen gemäß Artikel 33 Absatz 3 festgelegt, so ist die Überprüfung der Tarife nicht Bestandteil dieser Aufgabe. Verzögert sich die Festlegung von Übertragungs- und Verteilungstarifen, sind die Regulierungsbehörden befugt, vorläufig geltende Übertragungs- und Verteilungstarife oder die entsprechenden Methoden festzulegen oder zu genehmigen und über geeignete Ausgleichsmaßnahmen zu entscheiden, falls die endgültigen Übertragungs- und Verteilungstarife oder Methoden von diesen vorläufigen Tarifen oder Methoden abweichen.

(11) Jeder Betroffene, der in Bezug auf die von einem Betreiber im Rahmen dieser Richtlinie eingegangenen Verpflichtungen eine Beschwerde gegen einen Fernleitungs- oder Verteilernetzbetreiber oder den Betreiber einer Speicher- oder LNG-Anlage hat, kann damit die Regulierungsbehörde befassen, die als Streitbeilegungsstelle innerhalb eines Zeitraums von zwei Monaten nach Eingang der Beschwerde eine Entscheidung trifft. Diese Frist kann um zwei Monate verlängert werden, wenn die Regulierungsbehörde zusätzliche Informationen anfordert. Mit Zustimmung des Beschwerdeführers ist eine weitere Verlängerung dieser Frist möglich. Die Entscheidung der Regulierungsbehörde ist verbindlich, bis sie gegebenenfalls aufgrund eines Rechtsbehelfs aufgehoben wird.

(12) Jeder Betroffene, der hinsichtlich einer gemäß diesem Artikel getroffenen Entscheidung über die Methoden oder, soweit die Regulierungsbehörde eine Anhörungspflicht hat, hinsichtlich der vorgeschlagenen Tarife bzw. Methoden beschwerdeberechtigt ist, kann längstens binnen zwei Monaten bzw. innerhalb einer von den Mitgliedstaaten festgelegten kürzeren Frist nach Veröffentlichung der Entscheidung bzw. des Vorschlags für eine Entscheidung eine Beschwerde im Hinblick auf die Überprüfung der Entscheidung einlegen. Eine Beschwerde hat keine aufschiebende Wirkung.

(13) Die Mitgliedstaaten schaffen geeignete und wirksame Mechanismen für die Regulierung, die Kontrolle und die Sicherstellung der Transparenz, um denMissbrauch einer marktbeherrschenden Stellung zum Nachteil insbesondere der Verbraucher sowie Verdrängungspraktiken zu verhindern. Diese Mechanismen tragen den Bestimmungen des Vertrags, insbesondere Artikel 82, Rechnung.

(14) Die Mitgliedstaaten gewährleisten, dass bei Verstößen gegen die in dieser Richtlinie vorgesehenen Geheimhaltungsvorschriften geeignete Maßnahmen, einschließlich der nach nationalem Recht vorgesehenen Verwaltungs- oder Strafverfahren, gegen die verantwortlichen natürlichen oder juristischen Personen ergriffen werden.

(15) Beschwerden nach den Absätzen 11 und 12 lassen die nach dem Gemeinschaftsrecht und/oder dem nationalen Recht möglichen Rechtsbehelfe unberührt.

(16) Die von den Regulierungsbehörden getroffenen Entscheidungen sind im Hinblick auf die gerichtliche Überprüfung in vollem Umfang zu begründen. Die Entscheidung ist Öffentlichkeit unter Wahrung der Vertraulichkeit wirtschaftlich sensibler Informationen zugänglich zu machen.

(17) Die Mitgliedstaaten stellen sicher, dass auf nationaler Ebene geeignete Mechanismen bestehen, in deren Rahmen eine von einer Entscheidung der Regulierungsbehörde betroffene Partei das Recht hat, bei einer von den beteiligen Parteien und Regierungen unabhängigen Stelle Beschwerde einzulegen.

Artikel 42

Regulierungssystem für grenzüberschreitende Aspekte

(1) Die Regulierungsbehörden konsultieren einander und arbeiten eng zusammen, und sie übermitteln einander und der Agentur sämtliche für die Erfüllung ihrer Aufgaben gemäß dieser Richtlinie erforderlichen Informationen. Hinsichtlich des Informationsaustauschs ist die einholende Behörde an den gleichen Grad an Vertraulichkeit gebunden wie die Auskunft erteilende Behörde.

(2) Die Regulierungsbehörden arbeiten zumindest auf regionaler Ebene zusammen,

a) um netztechnische Regelungen zu fördern, die ein optimales Netzmanagement ermöglichen, gemeinsame Strombörsen zu fördern und grenzüberschreitende Kapazitäten zuzuweisen und — u. a. durch neue Verbindungen — ein angemessenes Maß an Verbindungskapazitäten innerhalb der Region und zwischen den Regionen zu ermöglichen, damit sich ein effektiver Wettbewerb und eine bessere Versorgungssicherheit entwickeln können, ohne dass es zu einer Diskriminierung von Versorgungsunternehmen in einzelnen Mitgliedstaaten kommt,

b) um die Aufstellung aller Netzkodizes für die betroffenen Fernleitungsnetzbetreiber und andere Marktteilnehmer zu koordinieren, und

c) um die Ausarbeitung von Regeln für das Engpassmanagement zu koordinieren.

(3) Die nationalen Regulierungsbehörden sind berechtigt, untereinander Kooperationsvereinbarungen zu schließen, um die Zusammenarbeit bei der Regulierungstätigkeit zu verstärken.

(4) Die in Absatz 2 genannten Maßnahmen werden gegebenenfalls in engem Benehmen mit anderen einschlägigen nationalen Behörden und unbeschadet deren eigenen Zuständigkeiten durchgeführt.

(5) Die Kommission kann Leitlinien erlassen, in denen festgelegt ist, in welchem Umfang die Regulierungsbehörden untereinander und mit der Agentur zusammenarbeiten. Diese Maßnahmen zur Änderung nicht wesentlicher Bestimmungen dieser Richtlinie durch Ergänzung werden nach dem in Artikel 51 Absatz 3 genannten Regelungsverfahren mit Kontrolle erlassen.

Artikel 43

Einhaltung der Leitlinien

(1) Jede Regulierungsbehörde wie auch die Kommission können die Agentur um eine Stellungnahme dazu ersuchen, ob eine von einer Regulierungsbehörde getroffene Entscheidung im Einklang mit den gemäß dieser Richtlinie oder der Verordnung (EG) Nr. 715/2009.

(2) Die Agentur unterbreitet der anfragenden Regulierungsbehörde bzw. der Kommission sowie der Regulierungsbehörde, die die fragliche Entscheidung getroffen hat, innerhalb von drei Monaten nach dem Eingang des Ersuchens ihre Stellungnahme.

(3) Kommt die Regulierungsbehörde, die die Entscheidung getroffen hat, der Stellungnahme der Agentur nicht innerhalb von vier Monaten nach dem Eingang der Stellungnahme nach, so unterrichtet die Agentur die Kommission entsprechend.

(4) Jede Regulierungsbehörde, die der Auffassung ist, dass eine von einer anderen Regulierungsbehörde getroffene Entscheidung von Belang für den grenzüberschreitenden Handel nicht im Einklang mit den gemäß dieser Richtlinie oder der Verordnung (EG) Nr. 715/2009 erlassenen Leitlinien steht, kann die Kommission innerhalb von zwei Monaten ab dem Tag, an dem die fragliche Entscheidung ergangen ist, davon in Kenntnis setzen.

(5) Gelangt die Kommission innerhalb von zwei Monaten, nachdem sie gemäß Absatz 3 von der Agentur oder gemäß Absatz 4 von einer Regulierungsbehörde informiert wurde, oder innerhalb von drei Monaten nach dem Tag, an dem die Entscheidung getroffen wurde, von sich aus zu der Einschätzung, dass die Entscheidung einer Regulierungsbehörde ernsthafte Zweifel hinsichtlich ihrer Vereinbarkeit mit den gemäß dieser Richtlinie oder der Verordnung (EG) Nr. 715/2009 erlassenen Leitlinien begründet, kann die Kommission die weitere Prüfung des Falls beschließen. In einem solchen Fall lädt sie die betreffende Regulierungsbehörde und die betroffenen Parteien zu dem Verfahren vor der Regulierungsbehörde, damit sie Stellung nehmen können.

(6) Beschließt die Kommission, den Fall weiter zu prüfen, so erlässt sie innerhalb von vier Monaten nach dem Tag, an dem dieser Beschluss gefasst wurde, die endgültige Entscheidung,

a) keine Einwände gegen die Entscheidung der Regulierungsbehörde zu erheben oder

b) von der betreffenden Regulierungsbehörde einen Widerruf ihrer Entscheidung zu verlangen, weil die Leitlinien nicht eingehalten wurden.

(7) Beschließt die Kommission nicht innerhalb der in den Absätzen 5 und 6 genannten Fristen, den Fall weiter zu prüfen oder eine endgültige Entscheidung zu erlassen, wird davon ausgegangen, dass sie keine Einwände gegen die Entscheidung der Regulierungsbehörde erhebt.

(8) Die Regulierungsbehörde kommt der Entscheidung der Kommission über den Widerruf der Entscheidung der Regulierungsbehörde innerhalb von zwei Monaten nach und setzt die Kommission davon in Kenntnis.

(9) Die Kommission kann Leitlinien zur Festlegung der Modalitäten des Verfahrens erlassen, das von den Regulierungsbehörden, der Agentur und der Kommission bei der Prüfung der Vereinbarkeit von Entscheidungen der Regulierungsbehörden mit den in diesem Artikel genannten Leitlinien anzuwenden ist. Diese Maßnahmen zur Änderung nicht wesentlicher Bestimmung dieser Richtlinie durch Ergänzung werden nach dem in Artikel 51 Absatz 3 genannten Regelungsverfahren mit Kontrolle erlassen.

Artikel 44

Aufbewahrungspflichten

(1) Die Mitgliedstaaten verlangen von den Versorgungsunternehmen, dass sie die relevanten Daten über sämtliche mit Großhandelskunden und Fernleitungsnetzbetreibern sowie mit Betreibern von Speicheranlagen und LNG-Anlagen im Rahmen von Gasversorgungsverträgen und Gasderivaten getätigten Transaktionen für die Dauer von mindestens fünf Jahren aufbewahren und den nationalen Behörden einschließlich der Regulierungsbehörde, der nationalen Wettbewerbsbehörden und der Kommission zur Erfüllung ihrer Aufgaben bei Bedarf zur Verfügung stellen.

(2) Die Daten enthalten genaue Angaben zu den Merkmalen der relevanten Transaktionen wie Laufzeit-, Liefer- und Abrechnungsbestimmungen, Menge, Datum und Uhrzeit der Ausführung, Transaktionspreise und Formen der Identifizierung des betreffenden Großhandelskunden sowie bestimmte Angaben zu sämtlichen offenen Positionen in/nicht abgerechneten Gasversorgungsverträgen und Gasderivaten.

(3) Die Regulierungsbehörde kann beschließen, bestimmte dieser Informationen den Marktteilnehmern zugänglich zu machen, vorausgesetzt, es werden keine wirtschaftlich sensiblen Daten über einzelne Marktakteure oder einzelne Transaktionen preisgegeben. Dieser Absatz gilt nicht für Informationen über Finanzinstrumente, die unter die Richtlinie 2004/39/EG fallen.

(4) Zur Gewährleistung der einheitlichen Anwendung dieses Artikels kann die Kommission Leitlinien erlassen, in denen die Methoden und Regelungen der Datenaufbewahrung sowie Form und Inhalt der aufzubewahrenden Daten festgelegt werden. Diese Maßnahmen zur Änderung nicht wesentlicher Bestimmungen dieser Richtlinie durch Ergänzung werden nach dem in Artikel 51 Absatz 3 genannten Regelungsverfahren mit Kontrolle erlassen.

(5) Für mit Großhandelskunden und Fernleitungsnetzbetreibern sowie Betreibern von Speicheranlagen und LNG-Anlagen getätigte Transaktionen mit Gasderivaten von Versorgungsunternehmen gilt dieser Artikel nur, sobald die Kommission die Leitlinien gemäß Absatz 4 erlassen hat.

(6) Die Bestimmungen dieses Artikels begründen für Rechtspersonen, die unter die Richtlinie 2004/39/EG fallen, keine zusätzlichen Verpflichtungen gegenüber den in Absatz 1 genannten Behörden.

(7) Müssen die in Absatz 1 genannten Behörden Zugang zu Daten haben, die von Unternehmen aufbewahrt werden, die unter die Richtlinie 2004/39/EG fallen, übermitteln die nach jener Richtlinie zuständigen Behörden ihnen die erforderlichen Daten.

KAPITEL IX

ENDKUNDENMÄRKTE

Artikel 45

Endkundenmärkte

Um das Entstehen gut funktionierender und transparenter Endkundenmärkte in der Gemeinschaft zu erleichtern, stellen die Mitgliedstaaten sicher, dass die Aufgaben und Zuständigkeiten der Fernleitungsnetzbetreiber, Verteilernetzbetreiber, Versorgungsunternehmen und Kunden sowie gegebenenfalls anderer Marktteilnehmer hinsichtlich der vertraglichen Vereinbarungen, der Verpflichtungen gegenüber den Kunden, der Regeln für Datenaustausch und Abrechnung, des Eigentums an den Daten und der Zuständigkeit für die Verbrauchserfassung festgelegt werden.

Diese Regeln, die zu veröffentlichen sind, werden so konzipiert, dass sie den Zugang der Kunden und Versorger zu den Netzen erleichtern, und unterliegen der Nachprüfbarkeit durch die Regulierungsbehörden oder andere zuständige einzelstaatliche Behörden.

KAPITEL X

SCHLUSSBESTIMMUNGEN

Artikel 46

Schutzmaßnahmen

(1) Treten plötzliche Marktkrisen im Energiesektor auf oder ist die Sicherheit von Personen, Geräten oder Anlagen oder die Unversehrtheit des Netzes gefährdet, so kann ein Mitgliedstaat vorübergehend die notwendigen Schutzmaßnahmen treffen.

(2) Diese Maßnahmen dürfen nur die geringstmöglichen Störungen im Funktionieren des Binnenmarktes hervorrufen und nicht über das zur Behebung der plötzlich aufgetretenen Schwierigkeiten unbedingt erforderliche Maß hinausgehen.

(3) Der betreffende Mitgliedstaat teilt diese Maßnahmen unverzüglich den anderen Mitgliedstaaten und der Kommission mit; diese kann beschließen, dass der betreffende Mitgliedstaat diese Maßnahmen zu ändern oder aufzuheben hat, soweit sie den Wettbewerb verzerren und den Handel in einem Umfang beeinträchtigen, der dem gemeinsamen Interesse zuwiderläuft.

Artikel 47

Gleiche Ausgangsbedingungen

(1) Maßnahmen, die die Mitgliedstaaten gemäß dieser Richtlinie treffen können, um gleiche Ausgangsbedingungen zu gewährleisten, müssen mit dem Vertrag, insbesondere Artikel 30, und den Rechtsvorschriften der Gemeinschaft vereinbar sein.

(2) Die in Absatz 1 genannten Maßnahmen müssen verhältnismäßig, nichtdiskriminierend und transparent sein. Diese Maßnahmen können erst angewendet werden, nachdem sie der Kommission mitgeteilt und von ihr gebilligt wurden.

(3) Die Kommission wird innerhalb von zwei Monaten nach Eingang der Mitteilung gemäß Absatz 2 tätig. Diese Frist beginnt am Tag nach dem Eingang der vollständigen Informationen. Wird die Kommission nicht innerhalb dieser Frist von zwei Monaten tätig, so wird davon ausgegangen, dass sie keine Einwände gegen die mitgeteilten Maßnahmen hat.

Artikel 48

Ausnahmen im Zusammenhang mit unbedingten Zahlungsverpflichtungen

(1) Entstehen einem Erdgasunternehmen aufgrund eines oder mehrerer Gaslieferverträge mit unbedingter Zahlungsverpflichtung ernsthafte wirtschaftliche und finanzielle Schwierigkeiten oder werden solche Schwierigkeiten befürchtet, so kann es bei dem betreffenden Mitgliedstaat oder der benannten zuständigen Behörde eine befristete Ausnahme von Artikel 32 beantragen. Die Anträge sind in jedem einzelnen Fall je nach Wahl des Mitgliedstaats entweder vor oder nach der Verweigerung des Netzzugangs zu stellen. Die Mitgliedstaaten können es dem Erdgasunternehmen auch freistellen, ob es einen Antrag vor oder nach der Verweigerung des Netzzugangs stellen möchte. Hat ein Erdgasunternehmen den Zugang verweigert, ist der Antrag unverzüglich zu stellen. Den Anträgen sind alle sachdienlichen Angaben über die Art und den Umfang des Problems und die von dem Erdgasunternehmen zu dessen Lösung unternommenen Anstrengungen beizufügen.

Stehen nach vernünftigem Ermessen keine Alternativlösungen zur Verfügung, so kann der Mitgliedstaat oder die benannte zuständige Behörde unter Beachtung des Absatzes 3 eine Ausnahme gewähren.

(2) Der Mitgliedstaat oder die benannte zuständige Behörde übermittelt der Kommission unverzüglich ihre Entscheidung über die Gewährung einer Ausnahme zusammen mit allen einschlägigen Informationen zu der betreffenden Ausnahme. Diese Informationen können der Kommission in einer Zusammenfassung übermittelt werden, anhand deren die Kommission eine fundierte Entscheidung treffen kann. Die Kommission kann binnen acht Wochen nach Eingang der Mitteilung verlangen, dass der betreffende Mitgliedstaat bzw. die betreffende benannte zuständige Behörde die Entscheidung über die Gewährung einer Ausnahme ändert oder widerruft.

Kommt der betreffende Mitgliedstaat bzw. die betreffende benannte zuständige Behörde der Aufforderung nicht binnen vier Wochen nach, so wird nach dem in Artikel 51 Absatz 2 genannten Beratungsverfahren umgehend eine endgültige Entscheidung getroffen.

Die Kommission behandelt wirtschaftlich sensible Informationen vertraulich.

(3) Der Mitgliedstaat oder die benannte zuständige Behörde und die Kommission berücksichtigen bei der Entscheidung über die Ausnahmen nach Absatz 1 insbesondere folgende Kriterien:

a) das Ziel der Vollendung eines wettbewerbsbestimmten Gasmarktes;

b) die Notwendigkeit, gemeinwirtschaftliche Verpflichtungen zu erfüllen und die Versorgungssicherheit zu gewährleisten;

c) die Stellung des Erdgasunternehmens auf dem Gasmarkt und die tatsächliche Wettbewerbslage auf diesem Markt;

d) die Schwere der aufgetretenen wirtschaftlichen und finanziellen Schwierigkeiten von Erdgasunternehmen und Fernleitungsunternehmen bzw. zugelassenen Kunden;

e) den Zeitpunkt der Unterzeichnung sowie die Bedingungen des betreffenden Vertrags oder der betreffenden Verträge und inwieweit diese Marktänderungen berücksichtigen;

f) die zur Lösung des Problems unternommenen Anstrengungen;

g) inwieweit das Unternehmen beim Eingehen der betreffenden unbedingten Zahlungsverpflichtungen unter Berücksichtigung dieser Richtlinie vernünftigerweise mit dem wahrscheinlichen Auftreten von ernsten Schwierigkeiten hätte rechnen können;

h) das Ausmaß, in dem das Netz mit anderen Netzen verbunden ist, sowie den Grad an Interoperabilität dieser Netze, und

i) die Auswirkungen, die die Genehmigung einer Ausnahme für die korrekte Anwendung dieser Richtlinie in Bezug auf das einwandfreie Funktionieren des Erdgasbinnenmarktes haben würde.

Eine Entscheidung über einen Ausnahmeantrag in Bezug auf Verträge mit unbedingter Zahlungsverpflichtung, die vor dem 4. August 2003 geschlossen worden sind, sollte nicht zu einer Lage führen, in der es unmöglich ist, wirtschaftlich tragfähige Absatzalternativen zu finden. Auf jeden Fall wird davon ausgegangen, dass keine ernsthaften Schwierigkeiten vorliegen, wenn die Erdgasverkäufe nicht unter die in Gaslieferverträgen mit unbedingter Zahlungsverpflichtung vereinbarte garantierte Mindestabnahmemenge sinken oder sofern der betreffende Gasliefervertrag mit unbedingter Zahlungsverpflichtung angepasst werden oder das Erdgasunternehmen Absatzalternativen finden kann.

(4) Erdgasunternehmen, die keine Ausnahmegenehmigung nach Absatz 1 des vorliegenden Artikels erhalten haben, dürfen den Netzzugang wegen im Rahmen eines Gasliefervertrags eingegangener unbedingter Zahlungsverpflichtungen nicht bzw. nicht länger verweigern. Die Mitgliedstaaten stellen sicher, dass alle einschlägigen Bestimmungen der Artikel 32 bis 44, eingehalten werden.

(5) Die im Rahmen der obigen Bestimmungen genehmigten Ausnahmen müssen ordnungsgemäß begründet werden. Die Kommission veröffentlicht die Entscheidung im Amtsblatt der Europäischen Union.

(6) Die Kommission legt bis zum 4. August 2008 einen Bericht über die bei der Anwendung dieses Artikels gemachten Erfahrungen vor, damit das Europäische Parlament und der Rat zu gegebener Zeit prüfen können, ob dieser Artikel angepasst werden muss.

Artikel 49

Entstehende und isolierte Märkte

(1) Mitgliedstaaten, die nicht direkt an das Verbundnetz eines anderen Mitgliedstaats angeschlossen sind und nur einen externen Hauptlieferanten haben, können von den Artikeln 4, 9, 37 und/oder 38 abweichen. Als Hauptlieferant gilt ein Versorgungsunternehmen mit einem Marktanteil von mehr als 75 %. Eine Ausnahme endet automatisch, sobald mindestens eine der in diesem Unterabsatz genannten Bedingungen nicht mehr gegeben ist. Alle derartigen Ausnahmen sind der Kommission mitzuteilen.

Zypern kann von den Artikeln 4, 9, 37 und/oder 38 abweichen. Diese Ausnahme endet, sobald Zypern nicht mehr als isolierter Markt anzusehen ist.

Die Artikel 4, 9, 37 und/oder 38 gelten für Estland, Lettland und/oder Finnland erst ab dem Zeitpunkt, zu dem einer dieser Mitgliedstaaten direkt an das Verbundnetz eines anderen Mitgliedstaats mit Ausnahme von Estland, Lettland, Litauen und Finnland angeschlossen ist. Ausnahmen gemäß Unterabsatz 1 dieses Absatzes bleiben von diesem Unterabsatz unberührt.

(2) Ein als entstehender Markt eingestufter Mitgliedstaat, der durch die Anwendung dieser Richtlinie in erhebliche Schwierigkeiten geriete, kann von Artikel 4, Artikel 9, Artikel 13 Absätze 1 und 3, Artikel 14, Artikel 24, Artikel 25 Absatz 5, Artikel 26, Artikel 31, Artikel 32, Artikel 37 Absatz 1 und/oder Artikel 38 abweichen. Diese Ausnahme endet automatisch, sobald der betreffende Mitgliedstaat nicht mehr als entstehender Markt anzusehen ist. Alle derartigen Ausnahmen sind der Kommission mitzuteilen.

Zypern kann von den Artikeln 4 und 9, Artikel 13 Absätze 1 und 3, den Artikeln 14 und 24, Artikel 25 Absatz 5, den Artikeln 26, 31 und 32, Artikel 37 Absatz 1 und/oder Artikel 38 abweichen. Diese Ausnahme endet, sobald Zypern nicht mehr als entstehender Markt anzusehen ist.

(3) Zu dem Zeitpunkt, zu dem die in Absatz 2 Unterabsatz 1 genannte Ausnahme endet, muss die Definition der zugelassenen Kunden eine Marktöffnung bewirken, die sich auf mindestens 33 % des jährlichen Gesamterdgasverbrauchs auf dem innerstaatlichen Erdgasmarkt erstreckt. Zwei Jahre nach diesem Zeitpunkt gilt Artikel 37 Absatz 1 Buchstabe b und drei Jahre nach diesem Zeitpunkt gilt Artikel 37 Absatz 1 Buchstabe c. Bis zum Beginn der Anwendung des Artikels 37 Absatz 1 Buchstabe b können die in Absatz 2 des vorliegenden Artikels genannten Mitgliedstaaten beschließen, Artikel 32 nicht anzuwenden, soweit es sich um Hilfsdienste und die vorübergehende Speicherung für die Wiederverdampfung und die anschließende Einspeisung in das Fernleitungsnetz handelt.

(4) Falls die Anwendung dieser Richtlinie in einem begrenzten Gebiet eines Mitgliedstaats, insbesondere hinsichtlich des Ausbaus der Fernleitungsinfrastruktur und größerer Verteilungsinfrastrukturen, erhebliche Schwierigkeiten verursachen würde, kann der Mitgliedstaat zur Förderung von Investitionen bei der Kommission für Entwicklungen in diesem Gebiet eine befristete Ausnahme von den Artikeln 4 und 9, Artikel 13 Absätze 1 und 3, den Artikeln 14 und 24, Artikel 25 Absatz 5, den Artikeln 26, 31 und 32, sowie von Artikel 37 Absatz 1 und/oder Artikel 38 beantragen.

(5) Die Kommission kann die in Absatz 4 genannte Ausnahme unter Berücksichtigung insbesondere der nachstehenden Kriterien genehmigen:

- Bedarf an Infrastrukturinvestitionen, die in einem wettbewerbsbestimmten Marktumfeld nicht rentabel wären;

- Umfang der erforderlichen Investitionen und Amortisationsaussichten;

- Größe und Entwicklungsstand des Gasnetzes in dem betreffenden Gebiet;

- Aussichten für den betreffenden Gasmarkt;

- geografische Größe und Merkmale des betreffenden Gebiets oder der betreffenden Region sowie sozioökonomische und demografische Faktoren.

Im Falle einer Gasinfrastruktur, bei der es sich nicht um eine Verteilerinfrastruktur handelt, darf eine Ausnahme nur genehmigt werden, wenn in diesem Gebiet noch keine Gasinfrastruktur errichtet worden ist oder die Errichtung einer derartigen Infrastruktur weniger als zehn Jahre zurückliegt. Die befristete Ausnahme darf nicht für einen Zeitraum von mehr als zehn Jahren ab der ersten Versorgung mit Gas in dem betreffenden Gebiet gewährt werden.

Im Falle einer Verteilerinfrastruktur kann eine Ausnahme für einen Zeitraum von höchstens 20 Jahren ab dem Zeitpunkt genehmigt werden, zu dem in dem betreffenden Gebiet erstmalig Gas über die genannte Infrastruktur geliefert wurde.

(6) Artikel 9 gilt nicht für Zypern, Luxemburg und/oder Malta.

(7) Vor einer Entscheidung nach Absatz 5 unterrichtet die Kommission die Mitgliedstaaten unter Wahrung der Vertraulichkeit über die gemäß Absatz 4 gestellten Anträge. Diese Entscheidung sowie die Ausnahmen nach den Absätzen 1 und 2 werden im Amtsblatt der Europäischen Union veröffentlicht.

(8) Griechenland darf hinsichtlich Aufbau und Alleinnutzung von Verteilernetzen in bestimmten geografischen Gebieten von den Artikeln 4, 24, 25, 26, 32, 37 und/oder 38 dieser Richtlinie in Bezug auf die geografischen Gebiete und Zeiträume abweichen, die in den von Griechenland vor dem 15. März 2002 gemäß der Richtlinie 98/30/EG ausgestellten Genehmigungen angegeben sind.

Artikel 50

Überprüfungsverfahren

Falls die Kommission in dem Bericht nach Artikel 52 Absatz 6 feststellt, dass aufgrund der effektiven Verwirklichung des Netzzugangs in einem Mitgliedstaat, die in jeder Hinsicht einen tatsächlichen, nichtdiskriminierenden und ungehinderten Netzzugang bewirkt, bestimmte in dieser Richtlinie vorgesehene Vorschriften für Unternehmen (einschließlich der Vorschriften für die rechtliche Entflechtung von Verteilernetzbetreibern) nicht in einem ausgewogenen Verhältnis zum verfolgten Ziel stehen, kann der betreffende Mitgliedstaat bei der Kommission einen Antrag auf Freistellung von der Einhaltung der betreffenden Vorschrift einreichen.

Der Mitgliedstaat übermittelt den Antrag unverzüglich der Kommission zusammen mit allen relevanten Angaben, die für den Nachweis erforderlich sind, dass die in dem Bericht getroffene Feststellung, wonach ein tatsächlicher Netzzugang sichergestellt ist, auch weiterhin zutreffen wird.

Innerhalb von drei Monaten nach Erhalt einer Mitteilung nimmt die Kommission zu dem Antrag des betreffenden Mitgliedstaats Stellung und legt dem Europäischen Parlament und dem Rat gegebenenfalls Vorschläge zur Änderung der betreffenden Bestimmungen der Richtlinie vor. Die Kommission kann in den Vorschlägen zur Änderung der Richtlinie vorschlagen, den betreffenden Mitgliedstaat von spezifischen Anforderungen auszunehmen, sofern dieser Mitgliedstaat erforderlichenfalls Maßnahmen durchführt, die in gleicher Weise wirksam sind.

Artikel 51

Ausschuss

(1) Die Kommission wird von einem Ausschuss unterstützt.

(2) Wird auf diesen Absatz Bezug genommen, so gelten die Artikel 3 und 7 des Beschlusses 1999/468/EG unter Beachtung von dessen Artikel 8.

(3) Wird auf diesen Absatz Bezug genommen, so gelten Artikel 5a Absätze 1 bis 4 und Artikel 7 des Beschlusses 1999/468/EG unter Beachtung von dessen Artikel 8.

Artikel 52

Berichterstattung

(1) Die Kommission überwacht und überprüft die Anwendung dieser Richtlinie und legt dem Europäischen Parlament und dem Rat zum ersten Mal bis 31. Dezember 2004 und danach jedes Jahr einen Gesamtfortschrittsbericht über die erzielten Fortschritte vor. In diesem Fortschrittsbericht wird mindestens Folgendes behandelt:

a) die bei der Schaffung eines vollendeten und einwandfrei funktionierenden Erdgasbinnenmarkts gewonnenen Erfahrungen und erzielten Fortschritte sowie die noch bestehenden Hindernisse, einschließlich der Aspekte Marktbeherrschung, Marktkonzentration, Verdrängungspraktiken oder wettbewerbsfeindliches Verhalten;

b) die im Rahmen dieser Richtlinie genehmigten Ausnahmen, einschließlich der Anwendung der Ausnahme nach Artikel 26 Absatz 4 im Hinblick auf eine etwaige Überprüfung der Schwelle;

c) die Frage, inwieweit sich die Entflechtungs- und Tarifierungsbestimmungen dieser Richtlinie als geeignet erwiesen haben, einen gerechten und nichtdiskriminierenden Zugang zum Erdgasnetz der Gemeinschaft und eine gleichwertige Wettbewerbsintensität zu gewährleisten, und welche wirtschaftlichen, umweltbezogenen und sozialen Auswirkungen die Öffnung des Erdgasmarkts auf die Kunden hat;

d) eine Untersuchung der Fragen, die mit der Kapazität des Erdgasnetzes und der Sicherheit der Erdgasversorgung in der Gemeinschaft und insbesondere mit dem bestehenden und dem erwarteten Gleichgewicht zwischen Angebot und Nachfrage zusammenhängen, unter Berücksichtigung der zwischen verschiedenen Gebieten bestehenden realen

Austauschkapazitäten des Netzes und des Ausbaus von Speicherkapazitäten (einschließlich der Frage der Verhältnismäßigkeit der Marktregulierung in diesem Bereich);

e) besondere Aufmerksamkeit wird den Maßnahmen der Mitgliedstaaten zur Bedienung von Nachfragespitzen und zur Bewältigung von Ausfällen eines oder mehrerer Versorger gewidmet;

f) eine allgemeine Bewertung der Fortschritte in den bilateralen Beziehungen zu Drittländern, die Erdgas gewinnen und exportieren oder transportieren, einschließlich der Fortschritte bei Marktintegration, Handel und Zugang zu den Netzen dieser Drittländer;

g) die Frage, ob ein Harmonisierungsbedarf besteht, der nicht mit den Bestimmungen dieser Richtlinie zusammenhängt.

Gegebenenfalls kann dieser Fortschrittsbericht auch Empfehlungen und Maßnahmen enthalten, um negativen Auswirkungen von Marktbeherrschung und Marktkonzentration entgegenzuwirken.

Ferner kann die Kommission in dem Bericht in Konsultation mit dem ENTSO (Gas) prüfen, ob die Schaffung eines einzigen europäischen Fernleitungsnetzbetreibers durch die Fernleitungsnetzbetreiber möglich ist.

(2) Alle zwei Jahre werden in dem Fortschrittsbericht nach Absatz 1 ferner die verschiedenen in den Mitgliedstaaten zur Erfüllung gemeinwirtschaftlicher Verpflichtungen getroffenen Maßnahmen analysiert und auf ihre Wirksamkeit und insbesondere ihre Auswirkungen auf den Wettbewerb auf dem Erdgasmarkt untersucht. Gegebenenfalls kann der Bericht Empfehlungen für Maßnahmen enthalten, die auf einzelstaatlicher Ebene zur Gewährleistung eines hohen Standards der gemeinwirtschaftlichen Leistungen oder zur Verhinderung einer Marktabschottung zu ergreifen sind.

(3) Die Kommission legt dem Europäischen Parlament und dem Rat bis 3. März 2013 als Teil der allgemeinen Überprüfung einen ausführlichen konkreten Bericht vor, in dem sie darlegt, inwieweit es mit den Entflechtungsvorschriften gemäß Kapitel IV gelungen ist, die volle, effektive Unabhängigkeit der Fernleitungsnetzbetreiber sicherzustellen; dabei wird die effektive und effiziente Entflechtung als Maßstab zugrunde gelegt.

(4) Für ihre Einschätzung gemäß Absatz 3 zieht die Kommission insbesondere folgende Kriterien heran: fairer und nichtdiskriminierender Netzzugang, wirksame Regulierung, an den Marktbedürfnissen ausgerichtete Netzentwicklung, wettbewerbsneutrale Investitionsanreize, Entwicklung der Verbindungsinfrastruktur, effektiver Wettbewerb auf den Energiemärkten der Gemeinschaft und Versorgungssicherheit in der Gemeinschaft.

(5) Sollte aus dem ausführlichen konkreten Bericht gemäß Absatz 3 gegebenenfalls hervorgehen, dass die praktische Umsetzung der Bedingungen gemäß Absatz 4 nicht gewährleistet wurde, so legt die Kommission dem Europäischen Parlament und dem Rat Vorschläge vor, um die in jeder Hinsicht effektive Unabhängigkeit der Fernleitungsnetzbetreiber bis zum 3. März 2014 sicherzustellen.

(6) Die Kommission legt dem Europäischen Parlament und dem Rat spätestens am 1. Januar 2006 einen detaillierten Bericht über die Fortschritte bei der Schaffung des Erdgasbinnenmarktes vor. In dem Bericht wird insbesondere Folgendes geprüft:

- das Bestehen eines nichtdiskriminierenden Netzzugangs,

- die Wirksamkeit der Regulierung,

- die Entwicklung der Verbindungsinfrastruktur, die Transitbedingungen und der Stand der Versorgungssicherheit in der Gemeinschaft,

- die Frage, inwieweit der volle Nutzen der Marktöffnung Kleinunternehmen und Haushaltskunden zugute kommt, insbesondere im Hinblick auf die Qualitätsstandards der gemeinwirtschaftlichen Leistungen,

- die Frage, inwieweit die Märkte in der Praxis tatsächlich wettbewerbsoffen sind, einschließlich der Aspekte Marktbeherrschung, Marktkonzentration, Verdrängungspraktiken oder wettbewerbsfeindliches Verhalten,

- die Frage, inwieweit die Kunden tatsächlich den Versorger wechseln und die Tarife neu aushandeln,

- die Preisentwicklungen, auch bei den Beschaffungspreisen, gemessen am Grad der Marktöffnung,

- die Frage, ob Dritten effektiver und nichtdiskriminierender Zugang zur Gasspeicherung gewährt wird, der für einen effizienten Netzzugang technisch und/oder wirtschaftlich erforderlich ist,

- die bei der Anwendung dieser Richtlinie gewonnenen Erfahrungen, was die tatsächliche Unabhängigkeit von Netzbetreibern in vertikal integrierten Unternehmen betrifft, sowie die Frage, ob neben der funktionalen Unabhängigkeit und der Trennung der Rechnungslegung weitere Maßnahmen konzipiert wurden, die in ihrer Wirkung der rechtlichen Entflechtung gleichkommen.

Gegebenenfalls unterbreitet die Kommission dem Europäischen Parlament und dem Rat Vorschläge insbesondere mit dem Ziel, hohe Qualitätsstandards der gemeinwirtschaftlichen Leistungen zu gewährleisten.

Gegebenenfalls unterbreitet die Kommission dem Europäischen Parlament und dem Rat Vorschläge insbesondere mit dem Ziel, die uneingeschränkte und tatsächliche Unabhängigkeit von Verteilernetzbetreibern bis zum 1. Juli 2007 sicherzustellen. Falls erforderlich, beziehen sich diese Vorschläge in Übereinstimmung mit dem Wettbewerbsrecht auch auf Maßnahmen zur Behandlung von Problemen der Marktbeherrschung, Marktkonzentration, Verdrängungspraktiken oder des wettbewerbsfeindlichen Verhaltens.

Artikel 53

Aufhebung von Rechtsvorschriften

Die Richtlinie 2003/55/EG wird zum 3. März 2011 aufgehoben; die Verpflichtungen der Mitgliedstaaten hinsichtlich der Fristen für ihre Umsetzung und Anwendung werden davon nicht berührt. Verweisungen auf die aufgehobene Richtlinie gelten als Verweisungen auf die vorliegende Richtlinie und sind nach Maßgabe der Entsprechungstabelle in Anhang II zu lesen.

Artikel 54

Umsetzung

(1) Die Mitgliedstaaten setzen die Rechts- und Verwaltungsvorschriften in Kraft, die erforderlich sind, um dieser Richtlinie spätestens am 3. März 2011 nachzukommen. Sie setzen die Kommission unverzüglich davon in Kenntnis.

Sie wenden diese Vorschriften ab 3. März 2011 an, mit Ausnahme von Artikel 11, den sie ab 3. März 2013 anwenden.

Wenn die Mitgliedstaaten diese Vorschriften erlassen, nehmen sie in den Vorschriften selbst oder durch einen Hinweis bei der amtlichen Veröffentlichung auf diese Richtlinie Bezug. Die Mitgliedstaaten regeln die Einzelheiten der Bezugnahme.

(2) Die Mitgliedstaaten teilen der Kommission den Wortlaut der wichtigsten innerstaatlichen Rechtsvorschriften mit, die sie auf dem unter diese Richtlinie fallenden Gebiet erlassen.

Artikel 55

Inkrafttreten

Diese Richtlinie tritt am zwanzigsten Tag nach ihrer Veröffentlichung im Amtsblatt der Europäischen Union in Kraft.

Artikel 56

Adressaten

Diese Richtlinie ist an die Mitgliedstaaten gerichtet.

Geschehen zu Brüssel am 13. Juli 2009.

Im Namen des Europäischen Parlaments

Der Präsident

H.-G. Pöttering

Im Namen des Rates

Der Präsident

E. Erlandsson

[1] ABl. C 211 vom 19.8.2008, S. 23.

[2] ABl. C 172 vom 5.7.2008, S. 55.

[3] Stellungnahme des Europäischen Parlaments vom 9. Juli 2008 (noch nicht im Amtsblatt veröffentlicht), Gemeinsamer Standpunkt des Rates vom 9. Januar 2009 (ABl. C 70 E vom

24.3.2009, S. 37) und Standpunkt des Europäischen Parlaments vom 22. April 2009 (noch nicht im Amtsblatt veröffentlicht). Beschluss des Rates vom 25. Juni 2009.

[4] ABl. L 176 vom 15.7.2003, S. 57.

[5] ABl. C 175 E vom 10.7.2008, S. 206.

[6] ABl. L 24 vom 29.1.2004, S. 1.

[7] Siehe Seite 1 dieses Amtsblatts. [8]

ABl. L 25 vom 29.1.2009, S. 18. [9]

Siehe Seite 36 dieses Amtsblatts. [10]

ABl. L 184 vom 17.7.1999, S. 23.

[11] ABl. C 321 vom 31.12.2003, S. 1.

[12] Der Titel der Richtlinie 83/349/EWG wurde angepasst, um der gemäß Artikel 12 des Vertrags von Amsterdam vorgenommenen Umnummerierung des Vertrags zur Gründung der Europäischen Gemeinschaft Rechnung zu tragen; die ursprüngliche Bezugnahme betraf Artikel 54 Absatz 3 Buchstabe g.

[13] ABl. L 193 vom 18.7.1983, S. 1.

[14] ABl. L 145 vom 30.4.2004, S. 1.

[15] ABl. L 127 vom 29.4.2004, S. 92.

[16] ABl. L 204 vom 21.7.1998, S. 37.

[17] Siehe Seite 55 dieses Amtsblatts.

[18] Erste Richtlinie 68/151/EWG des Rates vom 9. März 1968 zur Koordinierung der Schutzbestimmungen, die in den Mitgliedstaaten den Gesellschaften im Sinne des Artikels 58 Absatz 2 des Vertrags im Interesse der Gesellschafter sowie Dritter vorgeschrieben sind, um diese Bestimmungen gleichwertig zu gestalten (ABl. L 65 vom 14.3.1968, S. 8).

[19] Der Titel der Richtlinie 78/660/EWG wurde angepasst, um der gemäß Artikel 12 des Vertrags von Amsterdam vorgenommenen Umnummerierung des Vertrags zur Gründung der Europäischen Gemeinschaft Rechnung zu tragen; die ursprüngliche Bezugnahme betraf Artikel 54 Absatz 3 Buchstabe g.

[20] ABl. L 222 vom 14.8.1978, S. 11.

[21] ABl. L 204 vom 21.7.1998, S. 1.

ANHANG I

MASSNAHMEN ZUM SCHUTZ DER KUNDEN

(1) Unbeschadet der Verbraucherschutzvorschriften der Gemeinschaft, insbesondere der Richtlinie 97/7/EG des Europäischen Parlaments und des Rates vom 20. Mai 1997 über den Verbraucherschutz bei Vertragsabschlüssen im Fernabsatz [1] und der Richtlinie 93/13/EG des Rates vom 5. April 1993 über missbräuchliche Klauseln in Verbraucherverträgen [2], soll mit den in Artikel 3 genannten Maßnahmen sichergestellt werden, dass die Kunden

a) Anspruch auf einen Vertrag mit ihren Anbietern von Gasdienstleistungen haben, in dem Folgendes festgelegt ist:

- Name und Anschrift des Anbieters,

- erbrachte Leistungen und angebotene Leistungs-Qualitätsstufen sowie Zeitbedarf für den Erstanschluss,

- die Art der angebotenen Wartungsdienste,

- Art und Weise, wie aktuelle Informationen über alle geltenden Tarife und Wartungsentgelte erhältlich sind,

- Vertragsdauer, Bedingungen für eine Verlängerung und Beendigung der Leistungen und des Vertragsverhältnisses sowie Zulässigkeit eines kostenfreien Rücktritts vom Vertrag,

- etwaige Entschädigungs- und Erstattungsregelungen bei Nichteinhaltung der vertraglich vereinbarten Leistungsqualität einschließlich fehlerhafter und verspäteter Rechnungserstellung,

- Vorgehen zur Einleitung von Streitbeilegungsverfahren gemäß Buchstabe f und

- Informationen über Verbraucherrechte, einschließlich der Behandlung von Beschwerden und der in diesem Buchstaben genannten Informationen, auf der Website des Rechnungs- und Erdgasunternehmen.

Die Bedingungen müssen gerecht und im Voraus bekannt sein. Diese Informationen sollten in jedem Fall vor Abschluss oder Bestätigung des Vertrags übermittelt werden. Auch bei Abschluss des Vertrags durch Vermittler müssen die in diesem Buchstaben genannten Informationen vor Vertragsabschluss bereitgestellt werden;

b) rechtzeitig über eine beabsichtigte Änderung der Vertragsbedingungen und dabei über ihr Rücktrittsrecht unterrichtet werden. Die Dienstleister teilen ihren Kunden direkt und in transparenter und verständlicher Weise jede Gebührenerhöhung mit angemessener Frist mit, auf jeden Fall jedoch vor Ablauf der normalen Abrechnungsperiode, die auf die Gebührenerhöhung folgt. Die Mitgliedstaaten stellen sicher, dass es den Kunden freisteht, den Vertrag zu lösen, wenn sie die neuen Bedingungen nicht akzeptieren, die ihnen ihr Gasdienstleister mitgeteilt hat;

c) transparente Informationen über geltende Preise und Tarife sowie über die Standardbedingungen für den Zugang zu Gasdienstleistungen und deren Inanspruchnahme erhalten;

d) über ein breites Spektrum an Zahlungsmodalitäten verfügen können, durch die sie nicht unangemessen benachteiligt werden. Die Vorauszahlungssysteme sind fair und spiegeln den wahrscheinlichen Verbrauch angemessen wider. Die Unterschiede in den Vertragsbedingungen spiegeln die Kosten wider, die dem Lieferanten durch die unterschiedlichen Zahlungssysteme entstehen. Die allgemeinen Vertragsbedingungen müssen fair und transparent sein. Sie müssen klar und verständlich abgefasst sein und dürfen keine außervertraglichen Hindernisse enthalten, durch die die Kunden an der Ausübung ihrer Rechte gehindert werden, zum Beispiel eine übermäßige Zahl an Vertragsunterlagen. Die Kunden müssen gegen unfaire oder irreführende Verkaufsmethoden geschützt sein;

e) den Lieferanten ohne Berechnung von Gebühren wechseln können;

f) transparente, einfache und kostengünstige Verfahren zur Behandlung ihrer Beschwerden in Anspruch nehmen können. Insbesondere haben alle Kunden Anspruch auf eine gute Qualität der Dienstleistung und die Behandlung ihrer Beschwerden durch ihren Gasversorger. Diese Verfahren zur außergerichtlichen Einigung müssen eine gerechte und zügige Beilegung von Streitfällen, vorzugsweise innerhalb von drei Monaten ermöglichen und für berechtigte Fälle ein Erstattungs- und/oder Entschädigungssystem vorsehen. Sie sollten, soweit möglich, den in der Empfehlung 98/257/EG der Kommission vom 30. März 1998 betreffend die Grundsätze für Einrichtungen, die für die außergerichtliche Beilegung von Verbraucherrechtsstreitigkeiten [3] zuständig sind, dargelegten Grundsätzen entsprechen;

g) soweit sie an das Gasnetz angeschlossen sind, über ihre gemäß dem einschlägigen einzelstaatlichen Recht bestehenden Rechte auf Versorgung mit Erdgas einer bestimmten Qualität zu angemessenen Preisen informiert werden;

h) Zugang zu ihren Verbrauchsdaten haben und durch ausdrückliche Zustimmung und gebührenfrei einem beliebigen registrierten Lieferanten Zugang zu ihren Messdaten gewähren können. Die für die Datenverwaltung zuständige Stelle ist verpflichtet, diese Daten an das betreffende Unternehmen weiterzugeben. die Mitgliedstaaten legen ein Format für die Erfassung der Daten fest sowie ein Verfahren, um Versorgern und Kunden Zugang zu den Daten zu verschaffen; Den Kunden dürfen dafür keine zusätzlichen Kosten in Rechnung gestellt werden;

i) häufig genug in angemessener Form über ihren tatsächlichen Gasverbrauch und ihre Gaskosten informiert werden, um ihren eigenen Gasverbrauch regulieren zu können. Die Angaben werden in einem ausreichenden Zeitrahmen erteilt, der der Kapazität der Messvorrichtungen des Kunden Rechnung trägt. Die Kostenwirksamkeit dieser Maßnahmen wird gebührend berücksichtigt. Den Kunden dürfen dafür keine zusätzlichen Kosten in Rechnung gestellt werden;

j) spätestens sechs Wochen nach einem Wechsel des Erdgasversorgers eine Abschlussrechnung erhalten.

(2) Die Mitgliedstaaten sorgen dafür, dass intelligente Messsysteme eingeführt werden, durch die die aktive Beteiligung der Kunden am Gasversorgungsmarkt unterstützt wird. Die Einführung dieser Messsysteme kann einer wirtschaftlichen Bewertung unterliegen, bei der

alle langfristigen Kosten und Vorteile für den Markt und die einzelnen Kunden geprüft werden sowie untersucht wird, welche Art des intelligenten Messens wirtschaftlich vertretbar und kostengünstig ist und in welchem zeitlichen Rahmen die Einführung praktisch möglich ist.

Diese Bewertung erfolgt bis 3. September 2012.

Anhand dieser Bewertung erstellen die Mitgliedstaaten oder die von ihnen benannten zuständigen Behörden einen Zeitplan für die Einführung intelligenter Messsysteme.

Die Mitgliedstaaten oder die von ihnen benannten zuständigen Behörden sorgen für die Interoperabilität der Messsysteme, die in ihrem Hoheitsgebiet eingesetzt werden sollen, und tragen der Anwendung geeigneter Normen und bewährter Verfahren sowie der großen Bedeutung, die dem Ausbau des Erdgasbinnenmarkts zukommt, gebührend Rechnung.

[1] ABl. L 144 vom 4.6.1997, S. 19.

[2] ABl. L 95 vom 21.4.1993, S. 29.

[3] ABl. L 115 vom 17.4.1998, S. 31.

www.ingramcontent.com/pod-product-compliance
Lightning Source LLC
Chambersburg PA
CBHW080552030726
47586CB00011B/2571